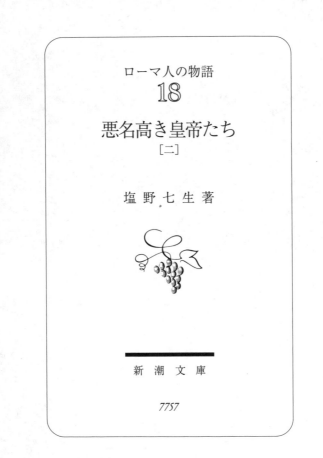

ローマ人の物語

18

悪名高き皇帝たち
［二］

塩 野 七 生 著

新 潮 文 庫

7757

目

次

三巻目次

カバーの銀貨について

これら四人の「悪名高き皇帝たち」を書くにあたって私がとった立場は、弁護人ではなくて傍聴人のそれだった。悪帝ではなくて実は賢帝だったと、数多の史実を示しながら弁護する人ではなく、傍聴席に坐って検事と弁護人の言うことの双方に耳を傾けながら、実相は何であったのだろうと考える人に似ている。

そして、連日の"法廷"通いで会得した結論は、公人と私人はやはりちがう、ということだった。一私人としてならば理解もできるし友人としてならば愉快だろうが、統治の最高責任者としてはどうも、とでもいう感じだ。と言って、私人の心を忘れたのでは公人としての責務も十全に果せなくなる。となればここはやはりバランスの問題で、賢帝と悪帝の境い目は、公人と私人のバランスをいかにうまくとるかにかかっていたのかもしれない。

ちなみに、ここに紹介する銀貨の表面は、バランスをとるのに失敗した一人であるカリグラ。そして裏面は、バランスの巧みさならばローマ人中文句なき第一人者、としてもよい初代皇帝のアウグストゥス。この二人は血縁関係にあったが、バランス感覚の冴えのような資質は遺伝しないのかもしれない。

二〇〇五年夏、ローマにて

塩野七生

ローマ人の物語

悪名高き皇帝たち ［三］

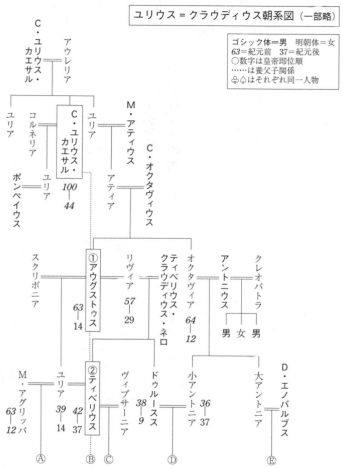

ユリウス＝クラウディウス朝系図（一部略）

ゴシック体＝男　明朝体＝女
63＝紀元前　*37*＝紀元後
○数字は皇帝即位順
……は養父子関係
♧♤はそれぞれ同一人物

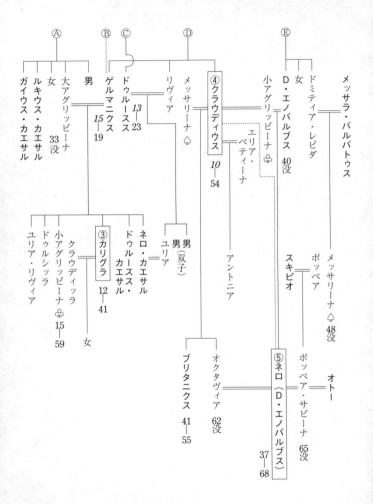

第一部　皇帝ティベリウス（承前）

Tiberius Iulius Caesar

（在位、紀元14年 9 月17日―37年 3 月16日）

カプリ隠遁（いんとん）

海抜三百五十メートルの崖（がけ）の上に二千年後の今でも遺っている岩石をくりぬいた巨大な貯水槽を見るだけでも、周到な準備の末の決行であることがわかる。大理石をはじめとする建材のすべても、ナポリからの三十キロの海上を運んでこなければならないのであった。

そしてこれは、隠遁（世間から離れて隠れ住むこと）ではあっても、隠退（社会の第一線での活動をやめて静かな生活に入ること）ではなく、引退（現役の職や地位からしりぞくこと）でもまったくなかった。ティベリウスは、カプリにいながら、ローマ帝国を統治しつづけたからである。私などは苦笑しながら、これは「家出」だ、と思うのだ。

家出ならば、ティベリウスには〝前科〟があった。三十六歳からの七年間、地位も家庭も捨ててロードス島に引きこもってしまったことである。だがあの場合は、隠退

であり引退であった。当時はまだ、アウグストゥスが健在であったからだ。しかし、それから三十三年が過ぎての二度目の〝家出〟のときは、帝国の統治を放り出すことはできなかった。たとえゲルマニクスの遺子二人にその能力があったとしても、二十歳と十九歳である。また、ティベリウス自身にも、放り出す気はまったくなかったのではないか。彼にはこの六年前に、ローマを離れてナポリ近郊の各地に滞在しながら帝国の統治をしつづけたという経験がある。帝国全域からの情報収集と命令伝達のシステムを確立し、元老院へは書簡を送って承認を求めるというやり方で、一年間にわたって統治しつづけた実績があったのだ。ティベリウスには、一年でなくもっと長く、それをやれる自信が生まれたのではないかと思う。自信が生まれたからこそ、一時の滞在用にしては完璧すぎる居住設備の整った邸宅をカプリに建て、険悪な雰囲気の家庭を捨て真剣に国事を担当しようとしない元老院も捨て、カプリ島に隠遁したのではないかと思う。

　歴史家タキトゥスのティベリウス非難の第一は、偽善の人であったということにある。しかし私には、タキトゥスの言う偽善とは、表面は善人のように見せかけながら裏では悪事をするというたぐいの、辞書の説明にあるような偽善であって、ティベリ

ウス自体は、本音の人ではなかったかと思えてならない。それどころか、ティベリウ
スの欠点は、本音の人で一貫したところにあったとさえ考える。

どれほど独断的な政治を行っても、カエサルはあの喧噪なフォロ・ロマーノの中心
にある、最高神祇官の官邸に住みつづけた。アウグストゥスはもう少し静かなところ
に住んだが、そのパラティーノの丘の上の皇宮からでも、元老院もあるフォロ・ロマ
ーノには五分も歩かないで着くことができる。

ローマの上流階級の妻女たちの質が、また元老院議員の質が、前二者の時代は上等
でティベリウスの時代には下等に一変したわけではない。人間はいつの世でも、欠点
を改良しようとさえもしない存在であると理解して、それ以上は求めなかっただけで
人間とはそういうものであると理解して、それ以上は求めなかっただけであった。

カプリ隠遁を決行したティベリウスは、こう考えたのではあるまいか。帝国の統治
の成果さえあげられるならば、どこにいても、どのような方法でやっても、同じこと
ではないか、と。だがこれは、政治をする人間の思考ではなく、官僚の思考である。

偽善を意味する英語の Hypocrisy もイタリア語の Ipocrisia も、語源はギリシア語
にもつ。語源を理解してもらうためにラテン語風にギリシア語を書けば、Hypokrisia

となる。

つまりこの言葉の創造者は古代のギリシア人なのだが、創造者だけに彼らは、偽善を、日本の辞書にあるような、見せかけの善行とだけは考えなかった。偽善を、上等と下等に二分したのである。日本の辞書の説明は、ギリシア人にすれば下等の偽善でしかない。

ギリシア人の考えた上等な偽善とは、たとえうわべを装おうとも見せかけであろうとも、それをする目的が公共の利益にあった場合である。ギリシアの哲学者たちは、この種の偽善を、政治家には必要な手段であるとさえ認めたのだ。必要悪、ではない。もっとポジティブな意味をもつ「悪」である。

古代ギリシアでこれを実践した政治家はペリクレス一人でしかなかったのが面白いが、民主政であると見せかけながら三十年間にわたって事実上の独裁をしたペリクレスがこの面でのギリシア側の代表ならば、共和政であると思わせながら四十年間にわたって事実上の帝政を行ったアウグストゥスはローマ側の代表であろう。そしてもっと面白いのは、この二人が他の誰よりも、二千五百年の昔から現代に至るまでの古代の政治家の中では、最も高い評価を得ていることである。人間とは、主権をもっていると思わせてくれさえすればよいので、その主権の行使には、ほんとうのところはさ

したる関心をもっていない存在であるのかもしれない。　結果が悪と出たときにだけ、主権の行使権を思い出すというだけで。

ティベリウスの欠点は、上等下等の別なく、偽善的な行為そのものができない性格にあった。つまりギリシア語の偽善という言葉は、舞台に立った俳優の演技からはじまっている。つまり偽善とは、演ずることなのである。平俗に言えば、フリをすることだ。

ティベリウスくらい、公私にわたって「演ずる」ことの下手な人はいなかった。そしてこの彼の性格の最も劇的なあらわれが、カプリ隠遁であったのだ。だからこそ、タキトゥスの下した悪評に長く影響されてきた西欧で、実に一千六百年後に最初のティベリウス弁護の声をあげたヴォルテールからはじまって、ローマ史研究では最高の歴史家モムゼンをはじめティベリウス復権に努めてきた研究者たちは数多いが、このカプリ隠遁こそティベリウスの犯した致命的な失策であった、とする点では一致するのである。

政治とは、官僚的思考では不可能な「技能」（アルテ）であるということだろう。アメリカ合衆国の大統領が合衆国領海内のどこかの小島に引きこもったままで、アメリカ合衆国を、そして全世界を統治するようになった場合を考えてほしい。まずマスメディアから、抗議の大合唱がまき起こるだろう。マスではなかったにしろ、タキトゥス以下の歴史家たちは、当時のメディアなのであった。

こういうところがタキトゥスから嫌われた点なのだが、ティベリウスはカプリに引きこもる際、それを家族の誰にも告げず、また元老院で宣告もせず、先帝アウグストゥスが没した地のノーラに建立した神殿の奉納式に出席するとだけ告げて、ローマを後にしたのである。それゆえ誰一人として、ティベリウスがこのまま十年間も首都を留守にし、二度と帰ってこないと予測した者はいなかった。

しかし、引退と考えずに "家出" と考えれば理解は簡単なのである。これから家出します、と宣告して家を出る者がいるだろうか。

そうとは知らない元老院議員も市民たちも、神殿の奉納式が終っても帰ってこないティベリウスを、気候温暖なカプリで少しばかり静養してから帰都するつもりだろうと考えていたのである。彼らとてティベリウスが統治を投げ出すとは少しも思っていなかったので、また投げ出せる環境でもなかったのだが、それならば首都にいなければ帝国の統治は不可能と信じて疑わなかった。

元老院議員ならば、統治には情報収集が不可欠であることくらいは理解している。そして、それに最も適した地は、「世界の首都」（カプトゥ・ムンディ）と呼ばれていたローマであったのだ。

だが彼らは、情報収集の重要性とは絶対的な速度にはなく、他の誰よりも早くそれを

得て、得た情報を基にしての判断を他の誰よりも早く下し、そしてそれによる指令を、他の誰よりも早く発することにある、とまでは知らなかったのである。情報の速度とは相対性で考えるべきで、絶対性ではないのだから。帝国の辺境からもたらされる報告は、アウグストゥス時代に開発された公営の郵便制度、と言っても高速道路化したローマ街道を馬を乗り継ぎながら運ばれるのだが、その公営郵便制度をもってしても、首都のローマに届くには少なくとも十日はかかった。海路は風という自然現象に左右される度合は高かったが、順風に恵まれさえすれば、エジプトのアレクサンドリアからナポリ湾の軍港ミセーノまでは九日で届いたのである。科学技術の発達している現代ならば即時に届くが、それでもなお対応策が遅れる場合が多いのは、情報の真の価値が、それを受けて活用する人しだいであることを実証している。ゆえに、収集と命令伝達のシステムさえ確立すれば、理論的にはどこにいても活用は可能ということであった。

実際、ティベリウスがカプリに引っこんだ直後に、大事件が二つ発生している。そしてそれへのティベリウスの対応策の敏速と的確さは、見事と言うしかなかった。

ローマからサラーリア街道を北に十キロほど行ったところにある小都市のフィデネ

で、五千人もの死傷者が出たのである。

だが、その街で剣闘士試合が開催され、木造の観客席が崩壊したからだった。一万人程度の収容人員であったのに、その二倍も詰めこんだがゆえの事故であったらしい。剣闘士試合が嫌いなティベリウスはスポンサーにならず、かといって政府の高官の選挙も市民集会から元老院議員間の互選になっていたので、選挙運動が目的の主催もないという年が十年もつづいていたのだ。剣闘士試合に飢えていた庶民が、どっと詰めかけたのだろう。タキトゥスは死傷者数を五万としているが、中世の写本には数字の誤写は多いので、ゼロが一つ少なかったとするほうが現実的である。また、フィデネの町の規模からも、五万人以上を収容できる、つまりコロッセウムと同程度の円形競技場を建てる、場所からしてなかった。収容人員は、一万前後が妥当なところである。

観客席が崩壊した原因は、定員以上の観客を詰めこんだこととともに、剣闘士試合の主催者側が建設費をケチったことにもあった。

事故を知ったティベリウスから早くもとどいた指令によって、首都ローマからも周辺の町々からも医師が総動員されて負傷者の治療に当たった。また、フィデネにかぎらず周辺のすべての町村の家には、負傷者を収容するよう命令が下った。死者の葬礼費用も、公費から出すと決める。そしてティベリウスは元老院に書簡を送り、次の二項

目の議決、つまり法制化を求めたのである。

一、剣闘士試合を主催する者の資格を、四十万セステルティウス以上の資産をもつ者にかぎること。

二、観客席は木造でも、それを建てる土地の造成は充分に成されるべきで、不充分と見なされた場所への建造は不許可とすること。

そしてこのときの試合の主催者は、追放刑に処された。

この事故の記憶が薄れないうちに、首都ローマの七つの丘の一つであるチェリオが火災で丸焼けになった。この丘には、当時はまだ公共の建物がほとんどなかったので、被害とは人々が住む家を失ったことを意味した。それを知ったティベリウスからは早くも義援金が寄せられ、皇帝を見習った首都の住民からも援助の手が差しのべられたので、焼け出された人々の再建も早かった。このときには、免税処置はとられていない。被害者はローマ市民権所有者であったからである。ティベリウスの対策が早かったので、はじめのうちはあがった皇帝の首都不在を非難する声も静まり、かえって元老院は、ティベリウスの敏速で的確な処置に感謝の決議をしたくらいであった。

しかし、いかに対策が敏速で的確であろうと、それだけでは人間は満足しないのである。首都ローマに住む庶民は、首都不在が長びく一方のティベリウスに捨てられたと思うようになった。そして元老院は、不満に加えて屈辱感まで味わうようになる。

書簡を送ってきてはその議決を求められるだけでは、元老院の権威の失墜しか意味しなかったからである。市民中の「第一人者」として政治を行うことに疲れたティベリウスは、市民よりも元老院議員よりも格段に上位の皇帝として、アウグストゥスのように「実」だけでなく、「名」までも皇帝として統治することに決め実行しはじめたからだった。それに、首都不在でも統治が可能ということは、それが上手くいけばいくほど、元老院本来の存在理由の喪失を証明することにもなる。自分の無力を自覚させられることくらい、屈辱的なことはなかった。こうして、庶民は庶民なりの理由で、

元老院議員は彼らなりの理由で、ティベリウスへの感情の悪化がはじまったのである。人間ならば誰でも、リモート・コントロールされるよりは陣頭指揮されるほうを好むものなのだ。だが、七十代に入ったティベリウスには、そのような人心の移り変わりを気にする様子はまったく見られなかったのである。もともとからして、世論の動向に左右される性格ではなかったのである。

カプリ島へは、首都に住むのと変らない生活の快適さを維持するのに必要な奉公人以外は、十人足らずの友人が同行しただけだった。その中に女は、愛人としてでも友人の妻としてでも一人も加わっていない。元老院議員もただの一人で、ティベリウスが好んだ天文学やギリシア文学に通じていることだけが、人種もちがうこれらの同行者に共通していた唯一のことだった。政治や軍事の相談役を務められそうな顔ぶれと一人もいない。まるで、仕事を離れて過ごす週末の田舎の家の食卓に連なる顔ぶれと言う感じだ。この中にはロードス島引退の際も同行していた人もいたから、ティベリウスにとっての数少ない親友たちであったのだろう。

カプリ島の東の端の崖の上に建てられたヴィラを南の海上から眺めたことのある人ならば、ロードス島中部のリンドスの崖の上に建つ神殿を想い出すのではないか。紺青の海を眼下にする純白の大理石造りのこの神殿は、ギリシア人の美意識の結晶としてもよいほどに美しい。もちろん現在では、ロードス島の神殿もカプリ島の皇帝のヴィラも遺跡でしかなく、想像力によって頭の中で復元してはじめて、当時の姿で見ることができるのだが。ロードス島で七年も過ごしたティベリウスだけに、カプリ島でも同じ感じのところに住みたかったのではないかと思う。ロードスの神殿は神の住ま

カプリのヴィラ・ヨヴィス

いだが、カプリのヴィラは皇帝の住ま
いである。神格化につながりそうなこ
とは神経質なくらいに拒否しつづけた
ティベリウスだが、住むのに快適な地
を選ぶのは別の話だ。リンドスのギリ
シア神殿を訪れたときも、ここで暮ら
すのも悪くない、と思ったものだが、
カプリの皇帝のヴィラも、訪れるたび
に浮ぶのは同じ感想だった。ティベリ
ウスという男は、家出はしても家出先
の選択眼だけは一級であったようであ
る。ロードス島といいカプリ島といい、
地中海に浮ぶ島の中でも、気候温暖と
産物の豊富さと、周囲をとりまく景観
の素晴らしさでは群を抜いている。し
かも、田舎ぐらしの不便さに耐える必

要もなかった。首都ローマの邸宅並みの快適な生活を享受できる、諸設備まで完備していたのだから。

この話をあるイタリア人にしたら、ティベリウスは神になりたかったのだろうか、と言った。私の答えは明確に「否」だった。神殿は神に祈る場であって、入浴やマッサージの場ではなく、葡萄酒を飲みながらの「饗宴」（シンポジウム）を愉しむ場でもない。いかにおおらかな多神教の古代人でも、この差異ははっきりつけている。それにしても、絶景の地となればどこにでも神殿を建てたギリシア人と、反対にそのような場所には、死すべき運命にある人間が現世を愉しむ別荘を建てるのに熱心だったローマ人のちがいは面白い。文学の好みはギリシアでも、ティベリウスも典型的なローマ人であったのだ。

リンドスのアクロポリスの遺跡を訪れたときは、小石が散乱する細く曲がりくねった田舎道をろばの背にゆられながら、やっとの想いで着いたものだった。カプリの皇帝のヴィラまでの登り降りを、ティベリウスは何に頼ったのだろうか。ろばの背にゆられるのは農民の風俗だから、上位のローマ人は好まない。屈強な奴隷たちにかつがせた、輿に乗って登り降りしたのか。なぜならティベリウスは、カプリ島に隠遁した後もそこにこもりっきりであったのではなく、しばしば島から出ては周辺の各地に滞

在していたからである。ローマにだけは、行かなかったというだけだ。気候温暖で有名なカプリだが、真冬はやはり厳しかった。

このようなことを考えていたときに勉強した研究書が、テオドール・モムゼン著の『Die Provinzen von Caesar bis Diocletian』（ローマの属州、カエサルからディオクレティアヌスまで）である。その中に、ローマ人ではじめてギリシアのオリンピア競技会で優勝した人は、ティベリウスであったと記してある。それは紀元に直せば後一年にあたり、四年ごとに開かれるオリンピア競技会の名が記録されるのだが、そこにティベリウス・クラウディウス・ネロの名もあるという。オリンピアの競技会では毎回各種目別の優勝者の名が記録されるのだが、そこにティベリウス・クラウディウス・ネロの名もあるという。アウグストゥスの養子になる前の、ティベリウスの本名であった。それに紀元一年ならば、ティベリウスが口ードス島に引退していた時期になる。ローマ側の記録にはないから、引退中の一私人として、参加したにちがいない。参加種目は、四頭立ての戦車競走。映画『ベン・ハー』では唯一豪快な場面だったが、あのシーンで展開された競技と同じものである。ティベリウス、四十一歳の夏の一事件であった。

だがこうなると、身長は並よりは一段と高く、肩胸とも厚い頑強で均整のとれた体

格、眼光は鋭いだけでなく視力も抜群、そして生れてより病気知らずの健康の持主と評されたのも、一段と現実味をおびてくる。ローマ人は葡萄酒を水や湯で割って飲むのが普通だが、ティベリウスはストレートでしかも相当な量を飲んだといわれるのも、体力が許したからだろう。それにローマ人のことだ。船着場から海抜三百メートルの崖の上に建つヴィラに達する道も、小石が散乱し雨でも降れば通行不可能という田舎道のままでは放置せず、蛇行状ではあっても全行程の完全舗装が成されていたにちがいない。もしかしたら、七十代に入ってもティベリウスは、自らの脚で登り降りしたのかもしれない。私でさえもジョギングシューズにはきかえれば、登るのも下るのもできたのだから。

しかし、快適な住まいと知的な会話を享受できる環境は確保できたティベリウスだが、一私人ではなく皇帝という公人である。公務を完全に果すには複数の「手足」が必要だった。そして「手足」は、他よりも優れ有能ならば野心のほうもそれに比例するという欠陥をもちやすい。また、任務が重要であればあるほど、それを託された人物の行使する権力も強くなるのだった。カプリ隠遁後のティベリウスの「手足」のナンバー・ワンが、近衛軍団の長官のセイアヌスであったのだ。

セイアヌス

　ルキウス・エリウス・セイアヌスは、国家ローマでは社会の第一階級である「元老院階級」ではなく、第二階級とされる「騎士階級」に生れている。それも、首都ローマ在住の長い「騎士階級」ならば経済を牛耳っている人々だから富裕階級に属すが、セイアヌスは本国イタリアに数多い地方自治体出身の「騎士階級」に属した。ローマ社会では、中流というところだ。だが、カエサル、アウグストゥスとつづいた「騎士階級」出身者の登用策によって、セイアヌスの父は、本国イタリアに置かれた唯一の兵士集団である「近衛軍団」の長官にまで出世する。そして、紀元一四年のアウグストゥスの死とティベリウスの昇格。この直後にティベリウスは、セイアヌスを父親と並ぶ、近衛軍団の長官に抜擢した。つづいて翌一五年、エジプト長官に昇進してアレクサンドリアに赴任した父親に代わって、セイアヌスを一人だけの近衛軍団長官に任命したのである。この職務では異例に若い、三十四歳の長官の誕生だった。そして、有能な「手足」になるには、「頭脳」が考えはしても口には出さないことまで察する能力が必要だ。セイアヌスには、この面の才能も充分であったようである。

　ティベリウスが「家出」して後の皇帝一家の主導権は、女主人格のリヴィアも八十半ばの高齢でありティベリウスには妻がいない以上、四十代に入ったアグリッピーナがにぎったのも当然である。そしてアグリッピーナは、帝国の創始者アウグストゥスの血を直接に伝えるのは孫娘の自分であり、血を継いでいないティベリウスは皇位の簒奪者（さんだつしゃ）であるばかりか、夫のゲルマニクスをピソを使って毒殺させたのも、ティベリウスであると信じて疑わなかったのだ。そのうえこの女人は、待つということを知らなかった。

　カプリ隠遁（いんとん）後のティベリウスを、セイアヌスを前面に立てての「アグリッピーナ派」一掃作戦を、歴史家タキトゥスによる、ティベリウスの嫁憎しの一念から発したとしている。しかし、現代の研究者の大勢は、アグリッピーナがいまだに「ゲルマニクス神話」を奉ずるライン河防衛担当のゲルマニア軍団と連絡をとり、反ティベリウスのクーデターを準備しはじめていたのではないか、とする説に傾いている。私の想像では、この両方ではなかったかと思う。ローマ帝国確立という大目的の前には、各人が各人の責務を果すことが最重要と確信していたティベリウスの生き方を考えても、ことあるごとにアウグストゥスの血をもち出しては出しゃばることしか知らない女人

くらい、嫌いな存在はなかったのだ。アウグストゥスに強制されて結婚したアウグス
トゥスの一人娘ユリア、アグリッピーナの母でもあったユリアとの結婚生活が早々に
破綻（はたん）したのも、ティベリウスがこのタイプの女に我慢できなかったからであった。

　近衛軍団の九千の兵士には、ローマ帝国の本国になるイタリアと、帝国の首都であ
るローマの秩序の維持が任務になる。皇帝の警護は、カエサルがはじめて以来、ライ
ン河以西のゲルマニア出身のゲルマン兵が務めるのが常例化しているので、近衛軍団
の任務ではない。社会の公正と秩序の維持が任務なのだから、現代の日本ならば、機
動隊つきの「公安庁」があるとすればそれに近かった。この機関の最高責任者が、セ
イアヌスである。ティベリウスのカプリ隠遁当時でさえ、すでに十二年間もこの地位
にあった。セイアヌスとて、「騎士階級（プレトリア）」出身者には出世の頂点と思われていた、そ
して父親もそれを実現した、エジプト属州の長官への転任を待っていたのかもしれな
い。だが、ティベリウスの人材活用の方針は、実力主義とともに適材適所である。エ
ジプト長官にはエジプト在住のユダヤ人を任命しても、セイアヌスは近衛軍団の長の
地位から動かさなかった。

　このセイアヌスの使えた「武器」は、法システムの創始者ローマだけに、機動隊に

似た近衛軍団九千の兵士以上に法律であった。国家反逆罪法と姦通罪法の二法である。

市民の共同体である国家の安全と秩序を破壊する者を罰するのが目的で制定された国家反逆罪法は、共和政時代から存在した。この法にのっとって裁かれた例で最も有名なのが、哲学者キケロが検事役になりユリウス・カエサルが弁護側にまわった、紀元前六三年のカティリーナ裁判である。この法は、帝政時代に入って、アウグストゥスによって改められる。「ユリウス国家反逆罪法」と、改定者の名を冠して呼ばれるこの法では、「市民の共同体である国家」に加え、「市民の共同体である国家の長」つまり「第一人者」と呼ばれた皇帝の安全をおびやかす者に対しても、国家反逆罪が適用されるとなったのである。紀元前四四年のカエサル暗殺が、この改定の真因であったことは言うまでもない。「ユリウス国家反逆罪法」制定以降は、皇帝暗殺を謀る者はイコール、国家の破壊を謀る者ということになった。そして、この法は、同じくアウグストゥスが定めた姦通罪法とともに、反対派に対する皇帝側の強力な「武器」になる。ローマが、法治国家であったことを忘れてはならない。この国では政敵排除でも、使われる主たる武器は「法律」であった。そして、有罪と認められれば、国家反逆罪では死刑、姦通罪では追放刑に処された。

法制化させた当の人であっただけに、アウグストゥス時代にもこの二法が適用された例にはこと欠かない。姦通罪では皇帝の一人娘と孫娘までが追放されたし、国家反逆罪では、現職の執政官であったムレーナが死刑に処されている。ムレーナの場合は、アウグストゥスの暗殺を謀った罪であった。

また、古代のローマの司法の特色は、検察ないし検事という公職が存在しなかったことにある。弁護人はいたが、検事は、告発した当の人が務めることになっていた。共和政時代の弁護士として最も有名だった哲学者キケロも、弁護もしたが、彼を法廷のスターにしたのは告発人としての活躍のほうである。そして、独裁官スッラ以降、告訴した人が勝訴をかち取れば、その人物は有罪となった被告の資産の四分の一を、原告側の報酬のような感じで受けとれる権利が認められていたのである。

この制度こそが報酬目当ての告発が乱発された原因だとするタキトゥス以下の史家の非難に私も同調するが、このシステムをまったく使わなかったのはカエサルだけであり、アウグストゥスとて廃法にしていない。アウグストゥスの言行は自分にとっては法である、と公言したティベリウスだから、もちろんこれもそのままで継承した。

ティベリウスの行った「手直し」は、誰でも確たる証拠もないのに告発する弊害を防ぐために、告発者の不正を摘発することである。だが、このような対策は事後処置に

なりやすい。それに司法が政敵排除に使われやすいのも、有名なスキピオ裁判（第Ⅱ巻三三八頁＝文庫版第5巻一二六頁＝参照）が証明したとおりであった。

警察的な仕事には適材だとティベリウスが見込んだだけに、セイアヌスはやはり有能だった。彼は、確証なしの告発を嫌ったティベリウスを理解していたので、証拠固めに全力を投入したのである。そのためには、オトリ捜査を活用した。親身な態度で安心させ、ついつい心を許した人が日頃の想いを吐露するのを壁の向うで召使に聴かせ、それを証人として出廷させるのである。ただし、原告側の信用度を印象づけるために、告発者には常に元老院議員を加えた。

こうしてアグリッピーナの周囲は、ある者は国家反逆罪で、他の者は姦通罪で排除されていった。ローマの上層階級では誰もが、恐怖におののいた。召使でさえも信用置けなくなったのだ。

そしてセイアヌスは、アグリッピーナの長男のネロ・カエサルと次男のドゥルース・カエサルの間を裂くことにも成功する。ティベリウス亡（な）き後の皇位継承という餌（えさ）を使ってであった。二十代はじめで思慮も浅く、首都ローマで華やかな社交に溺（おぼ）れるしか知らない若者二人に、ライヴァル意識を植えつけるのは簡単だった。

同じ時期、ティベリウスのほうはカプリで、帝国の安全維持に眼を光らせる責務をつづけていたのである。

ライン河下流部の東岸一帯、つまりローマの覇権がおよんでない一帯に住むゲルマン民族の一部族が、ローマに反旗をひるがえしたのだった。覇権下にないのに反旗をひるがえすとはおかしいと思うかもしれないが、これもティベリウスの対ゲルマン民族対策の一つで、ローマ軍用の動物の皮革の売買という関係は結んでいたのである。

問題の発端も商業的理由からはじまったのだが、ゲルマン人のほうにも、ティベリウスが定めたライン河東岸に帯状に設置された無人地帯に住めないという不満があった。この鎮圧には低地ゲルマニア軍団が出向いたのだが、ゲルマン人との戦闘は激戦で、ローマ側は勝ちはしたが九百兵を失った。

しかし、ティベリウスは、この九百兵の復讐（ふくしゅう）を目標にかかげての、これ以上の東方への軍事行動は禁じたのである。ライン河防衛線堅持の戦略を、変える気は毛頭なかったからであった。

だが、ライン河を守る軍団の兵士の中には、ティベリウスによってゲルマニクスがオリエントに任地変えにならず、あのままライン河駐屯の八個軍団の総司令官を務め

ていたならば、ゲルマニアの地の完全制覇は成ったのだと信じている者は多かった。

そう思う将兵たちに対して、アグリッピーナとその長男ネロ・カエサルからの勧誘の手がのびていたとする、研究者は少なくない。ただしこれも、歴史研究者にとってさえも不可欠な推理に基づく仮説であって、それを実証する史料はない。とはいえ、外堀を埋められた想いのアグリッピーナが、怒りと憎悪に燃えていたであろうとの想像は容易だ。そして、九百兵の弔合戦さえも禁じたこのときのティベリウスのやり方には、百年後のタキトゥスでも非難したのだから、当事者であった兵士たちが不満いだいたとしても不思議ではない。防御は攻勢よりも、常に人々に不評なものなのである。

この事件から一年も経たない紀元二九年、リヴィアが死んだ。享年、八十五歳。ティベリウスがカプリに隠遁してから、二年が過ぎていた。

今度こそはティベリウスもローマに帰ってくると、庶民に至るまでが確信した。ティベリウスにとっては実の母であるだけでなく、先帝で義父のアウグストゥスの妻であった女人の死である。息子であり皇帝であるティベリウスが喪主を務めるのは、私的にも公的にも当然の義務であったのだ。

しかしティベリウスは、カプリから一通の書簡を元老院に送りつけてきただけだった。それには、故人の葬儀は質素になされるよう求め、没後に贈られる数々の名誉も可能なかぎり減らし、ましてや神格化は、母もそれを望んでいなかったゆえに絶対にしないよう求めてあった。葬儀に際しての親族の一人による弔辞は、十七歳のガイウスが行うとも記してある。カリグラの愛称で知られるガイウスは、アグリッピーナの三男で、亡きリヴィアにとっては、若くして死んだ実子ドゥルーススの孫だから曾孫（ひまご）にあたった。

そして、この書簡の最後には、母の葬儀に欠席する理由として、手離すことが許されない国事多きにつき、とあった。

たしかにカエサルもアウグストゥスも、母の葬儀に出席するどころか死にも立ち合っていない。だが、カエサルはガリアで戦闘中であったのだし、オクタヴィアヌスと呼ばれていた時代のアウグストゥスも、内乱の真っただ中にあったのだ。国事のすべてはティベリウスの双肩にかかっていたのは事実だが、カプリ島で安全な日々を過ごしていたティベリウスとはちがう。カプリからローマまでは、急ぐならば一日で着けてる距離だった。

考えてみれば葬儀とは、死者のためよりも生者のためにある。それゆえに最も深い

悲しみに沈む人にとっては、葬式に出席するのは苦痛でもあるのだ。儀礼で口にされるおくやみに答えるだけでも耐えがたく、放っておいてくれ、一人にしてほしいと叫び出したくなり、葬式が終ればほっとするくらいなのである。ティベリウスもカプリで、眼下に広がる紺青の海でも眺めながら、一人だけで母の死を弔ったのかもしれない。国事多忙につきとは、誰が考えてもこじつけに過ぎなかったのだから。

しかし、世間の反応は、常のことながらこのような私的感情を汲み取りはしなかった。実の母に対してさえ情の薄い人との評価が、元老院の議員から庶民の端に至るまでの一致した印象だった。母想いであることが示されるとたいていの欠点までが許されてしまうのは、古今東西変りない人間の心情である。そして、他者から理解されなかったティベリウスだが、彼もまた他者を理解しようとしなかった。アグリッピーナ一派の壊滅が帝国の安定維持に必要であったとする幾人かの研究者の説には私も同意するが、私だったら、それを決行する時期は先に延ばしたであろう。ティベリウスという男は、軍事上の才能では群を抜いていたが、政略的才能となると、カエサルにもアウグストゥスにも遠く及ばなかったとするしかないのである。

アグリッピーナ派の一掃

例によってカプリからローマの元老院に送られてきたティベリウスの書簡が元老院の議場で読みあげられたのは、リヴィアの葬儀が終ってからまもなくのことであった。

それには、アグリッピーナとその長男ネロ・カエサルのクーデター計画については一言もふれていなかった。ただ単に、アグリッピーナが彼に向ける執拗な敵意を述べ、二十三歳のネロ・カエサルの放蕩な日常と、とくに少年相手の男色趣味を嘆いただけであった。また、これについての審議を元老院に求めたわけでもない。単に苦情を述べた書簡にすぎなかったのである。

だが、元老院議員たちは、皇帝の書簡が真に意味するところを理解したのである。皇位をめぐる皇帝一族内の抗争が、ついに表面化したのだった。そしてこれは、ティベリウスによる、ゲルマニクス一家壊滅の意思表示以外の何ものでもなかった。

朗読が終っても、しばらくは誰も発言しなかった。だが、ついに幾人かの議員が、これを議題にのせることを提案した。しかし、多数の賛同は得られなかった。賛同し

なかったうちの一人は、ティベリウスの非難の厳しさは明らかだが、ならばティベリウスが何をわれわれに求めているのかまでは、この書簡では明らかでない、と言った。

そして、ティベリウス派の一員であった議員までが、議事日程に加えるのは少し待ってはどうか、その間に老皇帝の気分も変るかもしれない、と発言した。元老院の大勢はこれに傾斜し、審議は先送りと決まったのである。

このことを伝え知った群衆は、元老院の議場に押し寄せた。そして議場を囲み、口々に、ティベリウスのゲルマニクス一家への非難は皇帝の真意ではないと叫んで騒然となった。カプリの皇帝がそのように思いこんだのは、近衛軍団長官のセイアヌスが吹きこんだからだと言いつのる民衆の怒りは、このときはティベリウスよりもセイアヌスに向って爆発したのである。デモに参加した民衆の中には、アグリッピーナとネロ・カエサルの彫像をかついで、この二人に手を出そうものなら許さないと叫び、議場の前から動かない者も多かった。

その報告を受けたティベリウスからは、再び元老院に書簡が送られてきた。それにはまず、元老院に圧力をかけるがごとき暴徒の行動は絶対に許さないとして、皇帝勅令によってデモを禁止したことが記されてあった。次いで、アグリッピーナ母子への非難をくり返し述べ、これに対して適切な処置を下す責務から逃れようとする元老

院を、皇帝の権威を傷つけるものだとして厳しく非難した。

この、一歩も引かないティベリウスの態度の前に、民衆のデモは消え、元老院も審議をはじめるしかなかった。国家の重大事件の裁判は元老院の任務であったから、元老院が裁判所に変ったということである。陪審員になった元老院議員たちの前には、ティベリウスの有能で忠実な「手足」のセイアヌスが集めた、証拠の数々が提出されたことだろう。

だろう、としか書けないのは、皇帝ティベリウスに関する史書としては最も詳細なタキトゥス著の『年代記』中、紀元二九年の半ばより三一年末頃までの記述が、中世を経るうちに消滅してしまったからである。そして、タキトゥス以外の史家たちは、この裁判の経過までは記述してくれていない。しかし、いずれも元老院議員からなる検事側の告訴理由の説明も弁護側の反対弁論も、堂々とくり広げられたであろうことは想像できる。なぜなら、まず第一に皇帝ティベリウスがそれを強く望んでいたし、また、これ以外の国家反逆罪を裁いたケースを調べても、法律に基づいての両者の弁論は活発であったからだ。ピソ裁判にもあれだけの時間をかけたのだから、アグリッピーナ母子裁判にも相応の配慮が成されたにちがいない。それでもこの二つのケースは、明らかにちがった。後者の場合、デモ厳禁の皇帝勅令が発せられて以後は外部か

らの圧力はなかったし、ティベリウスの態度がはじめから原告側であることははっきりしていたからである。

紀元二九年の末になって、母子の有罪が確定した。アグリッピーナはパンダタリア島（現ヴェントーテネ）に、息子ネロ・カエサルはポンティーア島（現ポンツァ）に流罪と決まった。国家の安定を乱す罪を犯したということで、二人とも「国家の敵」と断じられたのである。死刑でないのは、反国家的行為の陰謀をめぐらしたというだけで、ゲルマニア軍団と呼応して起つなどの具体的な行動を起こしたとまでは、立証できなかったからだと思う。古代ローマの裁判では、この二事のちがいについては常に議論が沸騰したところであった。史上有名なカティリーナの陰謀をとりあげた裁判でも、当時三十七歳であったユリウス・カエサルは、具体的な行動は起こしていないにかかわらず国家反逆罪を全面的に適用し、それによって死刑に処すことに強く反対している。そして、死刑を主張し、しかもそれを執政官の権力によって実施したキケロは、以後長くこの処置に対する批判にさらされねばならなかった。アグリッピーナ母子が、具体的な行動までは起こさなくても陰謀はめぐらしていたとすれば、流罪は妥当な判決ではなかったかと思う。なぜなら、カティリーナ裁判でカエサルが主張し

たように、危険分子は互いに離して社会から隔離すれば、芽のうちにつみ取れるのだから。

しかし、世間の反応は、この判決に不満だった。デモは起きなかった。だが、法廷論争には無関心の一般市民は、この裁判を、ティベリウスの肉親憎悪の結果としか受けとらなかった。舅が嫁とその息子を弾劾する図は、家族こそ社会の最も健全な構成分子と信ずるローマ人にしてみれば、眉をひそめざるをえない光景であったからである。

ティベリウス自身はこの判決に満足であったのではないかと、私は思う。なぜなら、母子が流罪と決まった二つの島に、カプリのヴィラほどではないにしろ相当な規模の貯水設備を造らせているからだ。アグリッピーナが流されたヴェントーテネ島は、以前にアグリッピーナの母ユリアが、父のアウグストゥスによって流された島であった。それゆえ、貯水設備はその当時からあったのだが、それをより大規模に整備させたのはティベリウスである。現代では海中に没した遺跡としてしか残っていないが、ローマ人しか考えつかず実行もしないであろうと思われる完璧さだ。

また、カプリに隠遁しているティベリウスにしてみれば、自分さえも島暮らしをしているのだからという想いもあったのではないか。なぜなら、ヴェントーテネ島もポ

ナポリ湾と周辺四島

の呼びものは温泉がわくことだが、景観の美となればやはりカプリに負ける。イスキアに左手にえぎるものがあってはじめて絶景の名に値するものに変わりうるのであって、ただ単に自然に接するにすぎない。イスキアした一面の海に囲まれているだけでは、景観の美となればやはりカプリに負ける。左手に

ンツァ島も、絶海の孤島ではない。東から西北西の方角にかけて、カプリ、イスキア、ヴェントーテネ、ポンツァは、三十キロ前後の距離を置いて海上に一列に並ぶ島である。しかし、島暮らしの快適度ということになれば、たとえ水の心配はなくてもこの四島は同条件ではなかった。

現代ではヴェントーテネもポンツァもカプリやイスキアを目指して観光地化に努めているが、よほどの自然好きかユースホステル組の水準に留まっている。その理由は、北風をモロに受ける位置にあることと景観の単調さにある。景観の美とは、視界をさえぎるものがあってはじめて絶景の名に値するものに変わりうるのであって、ただ単に自然に接するにすぎない。イスキアした一面の海に囲まれているだけでは、景観の美となればやはりカプリに負ける。左手に

はミセーノ岬が、右手にはソレントの半島が抱きこむようにしてあるのがナポリ湾で、カプリ島では北風もおだやかに変るし、それに加えて見ていて飽きない景観の美しさが、二千年このかたカプリ島を地中海屈指の静養地にしてきたのだった。ヴェントーテネ島を訪れたとき、ここで執筆に専念するのも悪くないと思ったが、その私でも、あの島とカプリでの暮らしのどちらを選ぶかと言われれば、迷うことなくカプリを取るだろう。自主的な隠遁と強いられた流罪のちがいは、やはりあるのだった。

紀元三〇年、前年の末に流罪と決まったアグリッピーナとその長男のネロ・カエサルがそれぞれの流刑地に去った後は、セイアヌスの証拠集めの次の手は、次男のドゥルースス・カエサルにのびていた。仲の悪かった兄の没落に気をよくしたのか、また二十二歳ゆえの不注意か、セイアヌスが探索に使ったのはドゥルーススの妻であったという。そして、セイアヌスの集めた証拠なるものをもとにして、国家反逆罪によってドゥルースス・カエサルを告発したのは、その年担当の執政官二人のうちの一人であった。彼もまた、国家の敵とされたのである。今度も、死刑ではなかった。ただし、どこかの島に隔離されたのでもなかった。パラティーノの丘の上の皇宮内にあったと言われる、地下の部屋に幽閉されたのである。そし

て、アグリッピーナ一派の一掃作戦は、その後もつづけられた。それでも死刑に処さ
れた者は一人もなく、常にティベリウスに反対の態度を明らかにしてきたアジニウ
ス・ガルスも、有罪判決後の幽閉先は、執政官の屋敷だった。だが、この同じ年、ポ
ンツァに流されていた長男のネロ・カエサルが死ぬ。警備の兵に反抗して殺されたと
いう説もあり、絶望して自殺したとする説もある。

アグリッピーナ一派の一掃作戦を陣頭に立って指揮したセイアヌスの権勢は、この
年にはついに頂点に達したかのようであった。翌・紀元三一年担当の執政官に、他で
もないティベリウスとともに就任することになったからである。皇帝になって以後の
ティベリウスが自ら執政官を務めるときの同僚執政官には、特別の意味があった。自
分の後継者と決めた人の権威を高める必要のあるときにしか、ティベリウスは執政官
に就任しなかったからである。紀元一七年に養子のゲルマニクスと、そしてゲルマ
ニクスに死なれた後に後継者の地位に上ってきた実子ドゥルーススとは紀元二一年
に、ともに執政官に就任している。それが九年ぶりに、セイアヌスとともの執政官就
任である。

野心家のセイアヌスが、得意の絶頂に立つ想いになったとて無理はなかっ
た。

セイアヌス破滅

　行ったこと自体は良かったのだが行い方が陰険であったと、いつものことながら歴史家タキトゥスは非難する。ティベリウスによるセイアヌスの粛清は良いのだが、そこへの持っていき方が陰険だというのだ。

　しかし、陰険以外に他にどのような方法があったろうか。　相手はまず、五十歳の働き盛り。それに十五年もの長きにわたって、近衛軍団の長官を務めた人である。近衛軍団もふくまれるローマ全軍の最高司令官はティベリウスだが、兵士とは、他の誰よりも直属の司令官の命令に服すものでもあった。　九千の精鋭を十五年も指揮下に置いてきた人物に比べ、その人の上司である皇帝には、身辺警護のわずかな数のゲルマン兵しかいない。ティベリウスの動きがセイアヌスに気づかれようものなら、城塞づくりにもなっていないカプリでは対抗手段がなかった。慎重に周到にことを運ぶ必要はあったのである。ティベリウスによるセイアヌスを破滅させる作戦は、セイアヌスとともに執政官に立候補したときからはじまっていたと思う。

　だがなぜティベリウスは、抜擢し重用しておきながら今になって、セイアヌスを滅

ぼす気になったのか。

研究者のうちでも一部の人は、次のような説を立てる。アグリッピーナ一派の破滅はセイアヌスが独断で行ったことであって、カプリに隠遁していたティベリウスは関与していなかったと世間に示したかったからではないか、と。

しかし、この説には同意できない。なぜなら、アグリッピーナ母子に対する裁判は、ティベリウスの非難からはじまったのだ。そしてティベリウスは、誰がどう考えようがかまわず、母子への非難を隠そうともしなかった。そのティベリウスにとってのセイアヌスは、証拠集めに必要な「手足」でしかなかったのだ。終った後で知らぬ顔をきめこむむつもりならば、あれほども堂々と正面きっての非難をくり返すような馬鹿なまねはしないはずである。

研究者のうちでも他の一部は、次のように解釈する。ティベリウスのいくつかの動きに不安を感じたセイアヌスが、近衛軍団の兵士だけでなく消防隊の者にまで金銭を配り、自分の側に引きつけるよう謀ったからである、と。

たしかにこの事実はあったようだが、直前になってなされた動きにすぎない。ティベリウスは陰険と評されたことが示すように、もともとからして慎重な性格の持主である。その彼に次ぐ権力者であったセイアヌスを葬り去るのに、一朝一夕で決める人

ではなかった。ただし、あわてた相手が自ら墓穴を掘るような行為に出れば、それを直ちに材料にすることはしたであろう。

そしてローマ史の専門家の多くは、次の説を主張する。セイアヌスの野望を怖れたティベリウスが、斬ることに決めたのだ、と。

多分そうだろう。だが私は、これは表向きの理由であって、ティベリウスの内心はもう少し別のことにあったのではないかと想像する。それは、セイアヌスのいだいた野望が、ティベリウスの貴族的な精神にふれたがゆえではなかったろうか。

ユリウス・カエサルは、話す相手によって話し方を変える人だった。元老院議員には彼らに適した話し方をし、兵士に向ってならば兵士向きに話したのである。おそらく女にも、それ相応の話し方で対したのにちがいない。だが、と、実にブリリアントな小説『Die Geschäfte des Herrn Julius Caesar』（カエサル氏のビジネス）の著者ベルトルト・ブレヒトは書く。だが、そのどの場合でもカエサルは、カエサル以外の何ものでもなかった、と。歴史家の評言ではなく、作家しか思いつかない評言である。そして、自分以外の何ものでもないということほど、真の貴族的精神を示すこともない。ただしティベリウスは、相この種の貴族的精神ならば、ティベリウスももっていた。ただしティベリウスは、相

手によって話し方を変えるなどという「芸」には恵まれていなかったが、演ずることが不得手な人であったのだからしかたない。だが、自らの絶対的優位を確信しているがゆえにもつことのできる貴族的精神ならば、その生れからも育ちからも、また本来の性格からも、充分すぎるくらいにもっていたのである。

そして、自らは貴族的精神をもつことと他者の能力を重視して活用することとはまったく矛盾しない。話す相手によって話し方を変えるのと、同じようなものである。つまり、登用した人材は自分の「手足」として活用するために登用したのであって、その人のことを親身に考えたからではない。言い換えれば、自分の考えを実現するために抜擢し登用したのであって、それがその人のためになったとしても結果論にすぎない。

このように考える人は、「手足」として使うために抜擢した人物が「頭脳」になり変ろうとでもしようものなら、絶対に許さない。降りて行って対等に振舞うことはしても、相手が自分のところにまで登ってくるようなことは絶対に許さないのである。セイアヌスを十五年もの間手許に置きつづけたのは、彼が有能で忠実な「手足」であったからで、彼を後継者にすえようなどとは、ティベリウスは一瞬たりとも考えなかったにちがいない。セイアヌスは、そのようなティベリウスの胸のうちまでは理解

していなかったのであろう。

セイアヌスの野心が「手足」の分際を越えはじめたことを示す最初の兆しは、五年も前にさかのぼる。その年セイアヌスは、その頃はまだ首都にいたティベリウスに、二年前に死んだティベリウスの実子ドゥルーススの未亡人リヴィアとの結婚を願い出たことがある。リヴィアは、ゲルマニクスの妹であることからティベリウスには姪にあたり、ティベリウスの実子の妻であったことと加えて、二重に皇帝一族に属す女であった。そのリヴィアの夫になることを許すとすれば、それはもうセイアヌスを、皇帝一族に迎え入れることを意味したのである。

ティベリウスはこれに、許可を与えていない。だが、拒否を明らかにしたのでもなかった。セイアヌスに希望をもたせたままにしておいたのだ。おそらくティベリウスは、この紀元二五年当時からすでに、カプリ隠遁の考えを暖めていたのだと思うが、それはカプリの皇帝のヴィラの岩をくりぬいた巨大な貯水槽だけでも短期間で完成できるとは思えないからだが、一、二年のうちにカプリに隠遁しそこから帝国を統治するつもりならば、首都の治安対策だけでも誰かに委任しなければならない。また、その当時からあからさまになりはじめていたアグリッピーナ対策にも、誰かを使う必要

があった。セイアヌスは、これには最適の人材であったのだ。

そして、紀元二七年のカプリ隠遁、二九年、そして三〇年を使ってのアグリッピーナ一派の壊滅作戦も成功裡に終ったと同時に、セイアヌスの利用価値も減少したことになる。

利用価値が減れば、その人物がいだく野望などは邪魔になるだけだった。

ところがセイアヌスは、ティベリウスの意を汲んでのアグリッピーナ一派の壊滅の成功は、それに全力をつくした自分の利用価値の増大と思いこんでしまったのである。

ティベリウス自ら執政官に就任してまで自分の初の執政官就任のハクづけに努めてくれるのも、ティベリウスにとっての自分が、他の何者にも代えがたい存在になった証拠と思いこんでしまったのだった。

しかもティベリウスはセイアヌスに、ようやくリヴィアとの結婚を許すつもりになったと匂にぉわせたりもしていたのだ。皇帝一族に加われるという想いは、セイアヌスに、五十歳の男の思慮を失わせた。

紀元三一年の一月一日からはじまった同僚の執政官の職務に、このセイアヌスが張りきって取りくんだのも当然である。同僚の執政官であるティベリウスはカプリに引っこんだままなので、首都ローマでは彼が唯一ゆいいつの最高位者ということだ。しかも、精鋭九千

を指揮下におく、近衛軍団の長官も兼ねていた。共和政時代からの名門出身の元老院議員でさえ、もはや打つ手なしの想いでこの「新参者」の精力的な活動ぶりを傍観するしかなかったのである。だが、セイアヌスは、「手足」ならば越えることは許されない一線を踏み越えた。

執政官セイアヌスは自ら、近スペイン属州の総督ルキウス・アレンティウスを告発したのである。訴因は、属州総督の職権を悪用しての不正行為。属州勤務者の不正にはことのほか厳しく臨んできたティベリウスを、意識しての告発でもあった。ところがこれに、ティベリウス自身が反撃してきたのだ。

例によってカプリから元老院に送られてきた書簡で、ティベリウスは次のようにその理由を述べている。属州民がローマにいる誰かに依頼して総督を告訴する権利は尊重するが、任期中の告発は属州統治に支障をきたしかねない。ゆえに、この種の告発は総督の帰任後になされるべきである。そして、任期中の告発は不可とすることは帝国運営上の政策となるべきと考えたのか、法律化の要請までつけ加えられてあった。

セイアヌスには反感をいだいていた議員は多かったし、ティベリウスのあげる理由ももっともだと思われた。属州総督への告発は任期中は不可とする、とした法は、圧

「テリブル」でありつづけたティベリウス

倒的な票を得て成立したのである。これが、セイアヌスを、はじめて不安にした。

それでも彼はまだ、現職の執政官だった。帝政に入ってからの執政官とは、皇帝が帝国全土の最高責任者である以上は首都ローマと本国イタリアの最高責任者ということになっており、属州の最高責任者である総督は、元老院の管轄下にある「元老院属

督とは、言わば同等の地位にあると考えてよい。「元老院属州」の総督には、執政官を務めた人が赴任するのが慣例でもあった。ゆえに、成立したばかりの、任期中の総督への告発を禁じた法の適用範囲に入ることになる。つまりセイアヌスは、執政官の任期中はこの種の　"反撃"　を怖れる必要はないということだった。しかし、七十二歳になってもティベリウスは、イギリスの一研究者の言葉を借りれば「テリブル」、ローマ人の言語であるラテン語ならば「テリビリス」でありつづけたのだ。一月一日から一年間つづく執政官の任期の半ばが過ぎたときになって、自ら執政官を辞任したのである。

執政官二人は、去就とも二人一緒であるのが慣例だ。ティベリウスに辞任されては、セイアヌスも従うしかなかった。紀元三一年の後半は、辞任した二人に代わって、「予定執政官（コンスル・スフェクトゥス）」に選出されていた別の二人が執政官職に就任した。

これでセイアヌスの不安は、決定的になった。どうやらこの時期からセイアヌスは、属州に勤務する自派の人々に手紙を送ったり、近衛軍団兵はもちろんのこと消防隊の者にまで金を配ることをはじめていたらしい。悪あがきにも似たこれらの動きは、カプリのティベリウスに逐一報告されていた。それでもセイアヌスは、いまだに近衛軍団の長官の地位にあった。それは、いざとなれば彼の命令一下カプリを囲むことさえ辞さないかもしれぬ、九千の軍事力をもっているということであった。

一方、カプリのティベリウスは、すでにローマから離しカプリに呼び寄せていたカリグラに加え、その兄のドゥルースス・カエサルも、必要となれば幽閉先の皇宮内の地下室から釈放するようにとの密命を発してではない。ティベリウスのことだから、アグリッピーナの息子二人の身の安全を心配してではない。セイアヌスが、民衆の人気がいまだに衰えないゲルマニクスの遺子二人を立ててのクーデターを起こすのを、あらかじ

め阻止するのが目的であった。そしてこれも内密に、セイアヌスを近衛軍団の長官か
ら解任し、新長官にはマクロを任命し、そのマクロをローマに送り出したのである。

十月十七日の夜、秘かに首都入りしたマクロは、どこよりも先に首都の北東部にあ
る近衛軍団の兵営地に向った。そこで大隊長の九人全員を召集し、ティベリウスの任
命書を見せ、今からは自分が近衛軍団（プレトリアニ）の責任者であると宣告した。次いでマクロは、
執政官の一人のレグルスを訪れ、封印されたティベリウスの書簡を手渡し、これを翌
朝の元老院会議の席上で読みあげるよう伝えた。そしてその足で、セイアヌスを訪問
した。セイアヌスにはまず、近衛軍団の新長官には自分が任命されたことを告げた。
だが、セイアヌスがそれに反応するのをさえぎるようにして、次の一事を伝えたので
ある。執政官が明日の会議の席で読みあげるであろうティベリウスの書簡には、セイ
アヌスに護民官特権を与えるようにとの、ティベリウスから元老院への要請が記され
ている、と。喜びのあまりにセイアヌスは、近衛軍団の長の地位からの解任の意味を
忘れてしまった。

翌十月十八日は、確たる理由もなしの欠席には罰金が科されるためやむなく会議に

出席する元老院議員たちが、今日もまた例によってティベリウスからの書簡の朗読を聴かされ、それを投票にかけて承認するだけかと思いながら議場に向う姿もふくめて、常の日とは何ひとつ変らない情況ではじまったのである。議場での議席は決まっていない。最初に議場入りした人から、席を埋めていく。ただし、ごく自然に、年長の議員や有力者には、後から議場入りしても最前列に連なる席の一つを占めたことだろう。その日のセイアヌスも、当然という感じで最前列の席が残されているのだった。

執政官の二人が入場してきて、元老院の会議がはじまった。執政官の一人レグルスが、昨夜から預かっていたティベリウスの書簡の封を切り、それを読みあげていった。

中世を経て現代にまで遺（のこ）ったタキトゥス著の『年代記』だが、実に残念にもこの時期を叙述した部分が消滅してしまっている。それゆえに後世のわれわれには、この日のティベリウスの書簡そのものを知る手段は遺されていない。タキトゥスのティベリウス嫌いは有名だが、彼とて歴史家・文章家のプロとしての自負はある。好悪の感情（こうお）を自分自身の言葉で表現するなどは、ディレッタントのやることであってプロのやることではない。歴史家ならば史実を記述し、その後のコメントで自分の解釈を読者に伝える。また、文章のプロならば、コメントすらも避ける場合が多い。史実の並べ方

だけで、読む人に、なんてスゴイ男だろう、とか、なんて嫌な奴だろう、とか感じさせるようにもっていく。タキトゥスが帝政期最高の歴史家であるとされるのは、この二方法の達人であったからである。それゆえ、解釈、ないしは史実の読みこみ、ではしばしばタキトゥスとは反対の立場をとる私だが、史料の伝達ということならば、他のどの史家よりも信頼している。つまり私が彼を信用するのは、彼のプロ精神を信用しているからである。それは、ユリウス・カエサルのように自身で書き遺したものがあったり、または碑文などで遺っている史料の要約のしかたを他の史家たちのものと比較すれば、その差は歴然としている。タキトゥスの場合は真の意味の「要約」だが、他の史家、とくにカシウス・ディオのものとなると、自分自身の文章に書き直してしまっている。おかげでカシウス・ディオの書くローマ史上の人物は、皆が同じ話し方をし、ゆえに性格のちがいも不明瞭に変ってしまったのだ。ユリウス・カエサルの言でさえも明晰と簡潔を失い、だらだらした五十男のおしゃべりになってしまっている。

タキトゥスはそうではない。ただし彼の著作は、彼が前述した二方法の達人であったということを頭に置きながら読む必要がある。そうでないと、彼の叙述にただ単に流されるのみで終る。ヴォルテールからはじまった近現代のティベリウス復権の動きも、タキトゥス以上に信頼が置ける歴史記述が発見されたからではなく、タキトゥス

の著作そのものを徹底的に読みこんだがゆえであると、私は確信している。

しかし、存在しないときは、不満足であろうと我慢するしかない。

それで、紀元三一年十月十八日の元老院の議場で読みあげられたティベリウスの書簡も、他の史家たちのコメントを伝えるしかないのである。だが、それらによっただけでも、その日のティベリウスの長文の書簡は、セイアヌスの破滅という目的に向って、「完璧（かんぺき）に構成された傑作」であったということがわかる。

書簡はまず、どうということもない国政の些事（さじ）からはじまった。次いで、帝国の安全維持の必要を強調する言葉がつづく。そしてそれに、今やそれが危機に瀕（ひん）している、という一句が挿入された。この直後から、文章の調子が変わりはじめる。自分がローマに帰るときには従来の警護の兵のみでは不安なので、執政官の一人に警護してくれるよう求める一句がこれにつづいた。執政官には近衛軍団の指揮権もあったから、近衛軍団兵の警護までも必要とするほどに政情は危険だという意味である。いつものことゆえさしたる注意も払わずに聴いていた元老院議員たちも、このあたりから聴き耳を立てるようになった。その議員たちの態度が完全に変わったのは、ティベリウスの厳しい言葉が、セイアヌス派の二人の議員に向けられたときである。そして、間も置か

ずにティベリウスの言葉は、セイアヌス自身に向っての容赦ない断罪の言葉となって、聴き入る議員全員の上に降りそそいだ。セイアヌスに帰された罪名は国家反逆罪。国家転覆の陰謀をめぐらせただけでなく、それを実際に行動に移したというのが、皇帝自らが告発者に立った、具体的な証拠を列記しての告訴理由である。そしてティベリウスの書簡は、首謀者セイアヌスへの死刑とその即時の執行を、元老院に求める言葉で終っていた。

　想像さえもしていなかった事態の急変に呆然自失となったセイアヌスは、しばらくは自分の身に何が起こったのかを理解できないようだった。その間に、セイアヌスに反感をもつ議員が多かった元老院は、死刑の判決と刑の執行まで可決してしまう。その宣告をする執政官に名を呼ばれたセイアヌスは、そのときになっても呆然自失の状態がつづいていたのか、名を呼ばれても答えず、三度目になってやっと、呼ばれたのは自分の名であることに気づいたほどであった。

　フォロ・ロマーノ内の牢に連行されたセイアヌスは、その日のうちに首を斬られた。これを伝え知った民衆は歓呼の声をあげ、以前になされた修復の功によってポンペイウス劇場の一郭に立てることが許されていたセイアヌスの立像をかつぎ出し、粉々に

くだいて鬱憤を晴らした。秘密警察的なこともやっていただけに、セイアヌスは民衆
からも憎まれていたのである。民衆の憎悪は、処刑後にさらされたセイアヌスの遺体
に対しても向けられた。遺体は切りきざまれ、テヴェレ河に投げ捨てられた。その間、
近衛軍団の兵士たちは自分たちの兵舎に留まったままだった。彼らのうちのただ一人
といえども、前長官のために動いた者はいなかった。一週間も経ない間に、長男をは
じめとするセイアヌス派の何人かが、共謀者ということで連行されて処刑された。
　ティベリウスにとっては、すべてが完璧に進み終ったかのようであった。このよう
な場合には起こりがちな、無用な流血もなかった。だが、この後から彼の地獄がはじ
まるのである。

　セイアヌスはリヴィアとの結婚を望んだときから妻を離婚していたのだが、そのア
ピカータは息子の処刑に絶望して自殺した。だが、自殺する前に、ティベリウスにあ
てた手紙を書き、それをカプリの皇帝に送っていたのである。
　その手紙には、彼女の前夫セイアヌスと、ティベリウスの実子ドゥルーススの妻で
あったリヴィアは、ドゥルーススがまだ生きていた頃から愛人の仲であったことが記
され、八年前のドゥルーススの急な死も、愛人二人が謀っての毒殺であったと書かれ

てあった。殺害がどのように成されたかも、詳細に記されてあったという。また、殺害にまで至った理由は、ただ単に愛人二人が恋の成就の障害になる夫を排除するという目的だけではなく、妻の姦通に気づいていないにかかわらずセイアヌスに向けられるドゥルーススの敵意が、セイアヌスにとっては危険になったからであると記されてあった。これならば、ティベリウスにも心あたりがあった。セイアヌスを重用しつづける父ティベリウスに対して、息子のドゥルーススはしばしば、正面きって抗議していたからである。

七十二歳のティベリウスは、その冬は例年のように、カプリ島から本土に移動して、温暖な南国の冬を過ごすことはしなかった。冬の間中、彼はカプリから動かなかった。いや、九ヵ月間というもの、カプリ島に引きこもったままであったのだ。執政官でさえ、訪問を許されなかった。

統治者としてのティベリウスを高く買う現代の研究者たちは、セイアヌス排除に成功したこの時期こそ、ローマにもどって帝国統治の陣頭指揮を再開する好機であった、と書く。実際、あのタキトゥスでさえも、ティベリウスの治世のはじめの十年間は文句ない善政、それに次ぐ七年間は善政と悪政の混じり合い、最後の六年間は悪政、と

したくらいであった。最後の六年間とは、紀元三一年にセイアヌスを斬った後から紀元三七年のティベリウスの死までの六年である。この六年間の、タキトゥスによれば悪政となるものの実体についての考察は後にゆずるとして、広大な帝国が巧みに運営されているだけでは不満で、陣頭指揮をとってこそリーダーであると思うのが一般庶民の常ならば、そしてこの種の世論や後代の評価を気にするならば、ティベリウスにとっては紀元三一年末が、ローマにもどる好機であったことはたしかである。もしもそうしていたならば、最後の六年間の断罪も免れることができていただろう。

しかし、ティベリウスはもどらなかった。そして、陣頭に復帰するならば好機であった紀元三一年末、二ヵ月の沈黙の後、書簡を元老院に送りつける以前の方式を再開したのである。だがそれは、方式ならば以前と同じでも、何かが変っていた。ティベリウスは、もはや怒りの爆発を制御しようともせず、と同時に「投げた」のである。

ただし、投げたのは元老院階級に対してのみで、帝国の統治は投げなかった。人間は、効果が見えれば投げないものである。

ピソ裁判の当時、父親の罪を子にまで及ぼさないように努め、ピソの息子の一人を数年後には執政官にまでした人はもはやいなかった。セイアヌスの三人の子のうちで

すでに処刑されていた長男を除く下の二人までもが、そのうちの娘のほうはまだ幼なかったのだが、皇帝の命というだけで殺された。セイアヌスとは愛人関係にあり、セイアヌスと共謀して夫ドゥルーススを毒殺したと疑われたリヴィアも自殺を強いられた。しかし、ティベリウスの怒りは、セイアヌス一家を皆殺しにしただけでは止まらなかった。セイアヌス一派と目された元老院議員までも、その全員を血祭りにあげないかぎり止まらなかったのである。牢に放りこまれた者の中には、この人々の家で働く奉公人の奴隷たちまでがいたという。この時期の犠牲者の名を書きつらねながらタキトゥスは、吐き気がするくらいだがやはり書かねばならない、と言っている。ローマ社会の指導層である元老院階級は、恐怖にたたきこまれたのであった。

しかし、タキトゥス以下の史家たちによって「暴君による恐怖時代」と断じられたこの時期の裁判の数々を検討してみると、奇妙な現象が見えてくる。それは、ティベリウスの怒りの爆発だけが恐怖時代をつくったのではなく、恐怖に駆られていたはずの元老院議員のほうもまた、恐怖時代に加担していたという事実である。なにしろ、国家反逆罪ゆえに元老院で行われたこれらの裁判では、被告も元老院議員ならば原告も元老院議員なのであった。ついには、執政官同士も反目しあうようになる。まるで、自分が告発されない前に他を告発するという感じだった。現代日本に似たものを求め

れば「破壊活動防止法」、つまり俗に言う「破防法」と思ってよいのがローマ時代の国家反逆罪法だが、それを振りかざしての告発は、司法の執行よりも早い者勝ちの競争に変っていったのである。雪だるまが、ころがりながら大きくなっていくように。

そして、この現象に対するティベリウスの態度は、以前とはまったくちがった。以前ならば、法の執行は穏当になされねばならぬと言って、精力的に介入したものであったが。また、刑の実施にも関心を払わなくなった。おかげで、牢に入れられたままで忘れられてしまった人まで出る始末。そして、ティベリウスがこれらのことを投げはじめるようになってから一年後、ヴェントーテネ島では流刑中のアグリッピーナが、またパラティーノ丘の皇宮内では幽閉中の次男ドゥルースス・カエサルが、前後して死んだ。これも、ティベリウスの無関心が警備の兵たちにまで影響していた例ではないかと思われる。

しかし、タキトゥスが、名を列記するだけでも吐き気をもよおすと言ったティベリウスによる犠牲者たちについて、吐き気をもよおさないで詳細に調べた研究者がいる。イタリア人のチアチェリ（Ciaceri）という人で、その人の研究書によれば、ティベリウスの治世中に国家反逆罪で裁判を受けた人の総数は、六十三名である。ただしこ

の数には、「悪政の六年間」のみでなく、セイアヌスがとりしきっていた時代のもの

もふくまれており、しかもタキトゥスは、死刑に処された者と自殺した者を混同し、

自然死にすぎなかった人まで加えてしまったらしい。また、自死を選んだ人といって

も二種あって、告発されて絶望し、せめては資産と家族を守ろうとして自殺した者と、

体力の衰えからも死の間近なことを悟った人が、自ら死を選ぶ場合に分れた。体力、

知力、精神力ともに衰えた後のボケ状態で命を保つことを極度に嫌ったローマの指導

者層に属す人々には、食を断って自ら死を迎える例は珍らしくない。キケロの親友で

あったアッティクスも、そしてティベリウスのカプリ隠遁に同行した元老院議員のネ

ルヴァも、この種の自死を選んでいる。

そして、六十三人という数が多いか少ないか、の問題も簡単ではない。

「国家反逆罪法」を、カエサルは一度も使っていない。アウグストゥスも、四十年
　レックス・マイエスターティス

におよんだ治世なのに、使ったのはほんの二、三例にすぎない。それならばティベリ

ウスの六十三例は恐怖時代の名にふさわしいとなるが、カエサルは元老院派と激突し

た内乱で、戦闘とはいえ多くの人々を殺しており、アウグストゥスも、カエサル暗殺

後の内乱時代に、キケロを筆頭にした三百人の元老院議員と「騎士階級」に属す二千

人を、つまりローマ社会の第一と第二の階級に属すこれら二千三百人もの人々を、ブ

ルータス派であるというだけで粛清している。そのうちの百三十人は、裁判なしの即死刑。死刑を免れた人々も、根こそぎの資産没収までは逃れられなかった。要するに、カエサルはやむをえずにしろ、カエサルの暗殺で学んだアウグストゥスは意図的にしろ、反対派を一掃しつくした後での、この二人を有名にした「寛　容」の発揮であったのだ。

しかし、問題は数ではない。戦時と平時のちがいも考慮に入れる必要があった。とはいえ、紀元三三年以降のティベリウスは、それ以前の彼にはあった証拠への執着も一貫していなかった。告訴理由のあいまいさを鋭く指摘した書簡を送ってくるかと思えば、一転して、これでよく告訴できるとしか思えない証拠でも介入しないで放置したりしている。

ただし、ティベリウスの与えた「恐怖」の一因が、この機に元老院の不良分子を一掃することにもあったのではないかとは、想像できないこともないのである。告訴に対する弁論を読んでいても、この人ならば殺すのは惜しいと感じた人は、六十三名中で数人にしかすぎなかった。残りの大部分となると、元老院議員の質の低さを嘆くてティベリウスに同調したくなった。元老院議員は六百人もいたのである。選挙で選ばれる現代でも、選良の名にふさわしい人材は何人いるであろうか。数を重視すれば「質」

の維持はむずかしいのは、古今東西変りない人間世界の現実である。しかし、だからと言ってティベリウスを免罪にすることはできない。アウグストゥスはこの六百人を懐柔することで、政治をやりとげたのであったのだから。

「投げた」結果であろうが意識しての元老院の不良分子の一掃であろうが、実際に血祭りにあげられたのは、元老院階級に属す人々だったのである。しかし、一般庶民も、ティベリウスに対して憎悪を燃やしたことでは同じであったのだ。

　庶民は、死刑に処されることもなかったし資産を没収されることもなかった。だが、二十年ものティベリウスによる緊縮財政の結果、不景気感が支配する歳月がつづいている。公共事業は修理修復のみで、新規の建造はいっさいなし。アウグストゥス時代には幾度かあった、皇帝からのボーナスも聴かなくなって久しい。そのうえ皇帝は、庶民の大好きな剣闘士試合をはじめとする各種の催し物のスポンサーにもならず、自分が提供しないだけでなく他の人々にもそれをする道を絶っていたから、娯楽に餓える歳月もつづいていたのだった。そのうえ、首都に腰をすえて帝国統治の陣頭指揮をとるのならまだしも、絶景と温暖な気候と心なごませる緑に囲まれたカプリ島に引っこんで、一人だけで快適な生活を愉しんでいる。そして、それでも満足せず、国家反

逆罪の名のもとに、建国以来のローマの伝統と権威の象徴である元老院を粉砕するこ
とにのみ、老人のかたくなな熱意を集中しているのだ。これが、ティベリウスに対す
る当時の庶民の想いなのであった。

もしもこの当時、帝国のどこかの辺境が蛮族の侵入に脅やかされたり、東方の大国
パルティアとの間が一触即発の状態になったり、数多い属州のいくつかで反乱が起こ
ったりしていたのであったら、一般市民の関心もこの種の「ニュース」に引きつけら
れ、老皇帝の日常への穿鑿などしている気分的余裕はなかったであろう。だが、就任
当初からのティベリウスの堅実な政策とその後のいっときも休まずの監視のおかげで、
二十年このかたローマ人は、このような「大事」の心配をする必要がなく生きてこれ
たのである。だが人間は、常に「ニュース」を求める。「大事」に関心をもつ必要が
なければ、「小事」に関心をもってしまうのだった。なにしろ、主食である小麦さえ
も、不足する事態は起きなかったのだ。ティベリウスの二十三年間におよぶ治世の間
に、一度だけ食糧不安が起きたことがある。小麦の値が高騰し、市民の不満は爆発し、
それが政府への抗議運動に発展したことがあった。ただちにカプリのティベリウスか
らは、小麦の在庫の量を明記し、ゆえに値の高騰の理由はまったく存在しないと明言
したメッセージが送られてくる。とたんに小麦の値も抗議運動も鎮静化した。言って

みれば、最後の数年のティベリウスに浴びせかけられた悪評は、皮肉にも、治世を通じてのティベリウスの善政の結果生じた一現象でもあったのである。

ゴシップ

カプリ島の断崖の上にそびえ立つ白亜のヴィラに住む老いた最高権力者の日常は、人々の想像を刺激しないではすまなかった。カプリに隠遁してからの十年間、ティベリウスは一度たりとも公式の場に姿を現わさなかった。アウグストゥスのように、島民の祭りに顔を出すこともなかった。湧き水の少ないカプリのこと、雨水を貯めておく貯水槽は皇帝のヴィラだけに造られていたのではなく、ティベリウスは島民のためにも造らせていたのだが、島の人々はそれを使っても、それを造ってくれた人の姿を見たことはなかったのである。皇帝が島にいることは、船着場につながれている皇帝用の快速船で知るだけだった。

カプリを後にして本土で過ごすときでも、ティベリウスの乗る輿の四辺の幕は降ろされたままであり、近づいて挨拶することさえ許されなかった。皇帝に会える人も、極度に限られていた。任地に赴任する総督や皇帝財務官が「極度に限られた人」の主

たる部分を占めていたが、結果として、ティベリウスの任命の基準は適材適所にあったので、任期も自然に長くなる。結果として、ティベリウスの任命の基準は適材適所にあったので、任期も自然に長くなる。

交代する「元老院属州」の総督は、元老院の管轄人事ゆえ、皇帝に会って指令を受ける義務まではなかった。つまり、ティベリウスの日常を知っている人自体が少なかったのである。秘密のヴェールで隔離されていればいるほど、ファンタジーのつけ入る余地は大きかったのだ。

知的なタキトゥスは、暴力的なやり方で島に連れてこられた少年たちへの淫行、としか書いていないが、このような「ニュース」となるととくに関心の強かった史家スヴェトニウスとなると、記述はより詳細になる。それによれば、カプリでのティベリウスの "悪業" は、次のように列記できた。

第一に、酒飲みであったこと。葡萄酒を水や湯で割って飲むのが普通であったギリシア人やローマ人にしてみれば、ストレートで飲むのを好んだというだけで、大酒飲みにされてしまう。飲む量も、多かったようではあるけれど。

第二は、淫猥な性行為を発明し、実際にさせたこと。各地から集めた少年少女たちを、少年と少女のチーム別に分け、それにこの道の達人を一人ずつ付け、この三人にティベリウスの見ている前で性行為を実演させるのである。チーム別に分けたのは、

各チームはそれぞれ体位のちがう性行為を行うことが課されていたからだった。この目的は、スヴェトニウスによれば、ティベリウスの衰えた性欲を刺激することにあったという。

第三は、総面積ならば七千平方メートルもある敷地内の森や洞穴のあちこちに、牧神や妖精に扮した少年少女たちをかくし、ティベリウスがそこに行くと、その前で彼らが性行為を実践して見せるという趣向を発明したというのである。総面積七千平方メートルというのは事実だが、しかし、あの地には森も洞穴もない。樹立ちぐらいはあったにしても。

第四だが、ティベリウスはとくに幼い少年少女たちを選び、自身はゆったりと広いローマ式の浴槽に身を沈め、彼が「小さな魚たち」と呼んだこの幼児たちに、股の間を泳がせては、「魚たち」の舌や歯で性器に触れさせては愉しむという快楽である。そのうえ老いてもティベリウスの性欲は盛んで、神々に犠牲を捧げる祭儀をあげていたとき、それを手伝っていた奴隷の性器の美しさに魅かれ、犠牲式も終らないのに別室に連れこみ、そこで性行為におよんだこともあったという。

そして、これらのティベリウスの淫行の犠牲者たちは、役目が済めば海抜三百メートルの崖の上から海に突き落とされるのが、一人の例外もない運命であったとは、現

代のナポリっ子までが信じこんでいる「ティベリウス伝説」であった。

これらの〝悪業〟は、近現代の研究者のほとんどによって一笑に付されている。ティベリウスに言及している古代の史家たちは、ギリシア出身の二人とユダヤ人の二人を加えて十人いるが、ティベリウスに好意的なローマ人のパテルクルスとユダヤ人のフィロンは除いたとしても、大プリニウスとセネカは、ティベリウスの閉鎖的な性格は述べても彼の悪業については言及していない。ギリシア人のプルタルコスも、孤独なカプリ島での歳月については語っても、悪業にはふれていないことでは同様である。ユダヤ人のヨセフス・フラヴィウスも、これに関しては一言の言及もなし。ローマの諷刺作家であったユヴェナリスは、カプリ島で占星術師に囲まれていた老いた皇帝は嘲笑したが、性的な悪業についても一言もふれていない。要するに、この件について

くわしく書いた唯一の史家は、生れたのもティベリウスの死の三十年以上も後、書いた時期にいたっては百年近くも後という、ローマ人のスヴェトニウスのみである。そして、世間の噂とするタキトゥスは数行。より後代の人であるカシウス・ディオはもう少しくわしく書いているが、スヴェトニウスほどではない。それにスヴェトニウスの『皇帝伝』とは、現代のイエロー・ペーパーに似たところがないでもなかっ

た。

また、「小さな魚たち」とお風呂に入るのが好きだったと噂された人には、老年の
アウグストゥスもいたのである。この種の性行為は、古代のローマの男たちにとって
は憧れであったのかとさえ思ってしまう。自分がやりたくてもやれない夢を、他者に
仮託するのはよくあることだ。現代的な意味でも「ストイック」であったティベリウ
スの生き方が、かえって大衆のファンタジーを刺激したのではないだろうか。

金融危機

しかし、最高権力者には不可欠の冷徹という面ならば、七十四歳になってもティベ
リウスは少しも衰えていなかった。紀元三三年にローマを襲った金融危機への対処で
も、それは見事に示されたのである。

その年に起こった金融危機とは、もはや同士討ちの場と化した元老院で、高利をむ
さぼっているとされた一議員が告発されたことからはじまる。告発の理由は、年率一
二パーセントが上限の法定金利に違反したということではない。ユリウス・カエサル
の法に違反した、とされて告発されたのである。ユリウス・カエサルの法とは、

金融業者（バンカー）は誰でも、資金のうちの一定の割合は、本国イタリアへの融資に向けるよう定めた法律である。その「一定の割合」とはどの程度であったのかは不明なのだが、地理的にも人材の登用でも開国主義者であったカエサルだけに、それをそのままで放置しておいてはいずれは本国の空洞化につながると考えての、法制化であったのかもしれない。なにしろ彼の時代は、本国での金利には一二パーセントの上限はあっても属州では野放しであったらしく、ブルータスのように四八パーセントの暴利をむさぼっていた元老院議員もいたのだった。一二パーセントと四八パーセントでは、ブルータスでなくても融資先を移す。カエサルの法の目的は、それが一般化する前に規制しておくことにあったのだ。

ユリウス・カエサルの法が機能しつづけたのは、ローマの金融業者たちに法を守る気持が強かったからではない。マネーはマネーの論理で動く。属州への融資はいかにハイリターンでも、ハイリスクをともなわないではすまなかったからである。それに比べて本国内の融資ならば、ローリターンではあってもローリスクであったからだった。

しかし、「平和（パクス）」は六十年もつづいていた。ところが、「リスク」は減少しても、属州への融資のリスクも、減少するのは当然の成行きである。ところが、「リスク」は減少しても、「リターン」のほうは高

いままで変らない。その結果は、カエサルの法の空文化であった。「一定の割合」が
守られなくなったのだ。そして、富裕階級である元老院議員には、表立ってではなく
ても金融業で利益を得ている者が多かった。

だが、空文化していたとはいえ廃法にはなっていない。カエサルの法に違反すると
いうことは、充分に告訴理由になりえたのである。元老院は仰天した。これで裁かれ
たのでは、元老院議員のほとんどが有罪になるからであった。

対処を求められたティベリウスは、次の策をとる。一年半と期限を切って、その期
間中に「一定の割合」を再復できるように各自の資産の調整を命じたのである。

「一定の割合」を満たさねばならなくなった金融業者たちは、いっせいに債権の回収
にまわった。同時に、新規の融資をストップしたのである。結果は、通貨の供給量不
足の発生であった。そしてこれは、なぜか属州よりも本国の債務者を直撃した。属州
では大規模農園が多く、反対に本国では、これまたカエサルの成立させていた「農地
法」によって、中小規模の農園が多かったゆえかもしれない。金融不安によって打撃
を受けるのは、大企業よりも先に中小企業であるのだから。しかもその結果、相対的
にしろ徐々に値を下げつつあった本国の土地の価格までが、これを機に一段と下落し

　私には、ローマ帝国全域の経済構造の変化に、金融も影響を受けざるをえなかったか

　る例で、当初は厳しく守られていたのが段々と守られなくなったからだとしているが、

　しかし、根本的な解決にはならなかった。その原因をタキトゥスは、法にはよくあ

　不利に目覚めたのか、金融業者たちも再び融資を再開したからである。

　割合」を満たすことができるようになったのか、それともローリスクな融資先を失う

　こうして、紀元三三年の金融不安から生じた危機はひとまずは解消した。「一定の

条件であった。

「私」へのこの融資は、三年と期限を限って、その間は無利子。ただし、債権者であ

る国家に対して債務者は、債務の二倍の価値をもつ不動産を担保として入れることが

「私」に、金融業者を通さずに投入されたのである。そして、「公」から

債務者の「私」へのこの融資は、三年と期限を限って、その間は無利子。ただし、「公的資金」は金融

業者を通して投入されたのではない。そのための委員会が設置され、その「公」から

である。現代風に言えば、「公的資金の投入」であった。ただし、「公的資金」は金融

　ティベリウスは、一億セステルティウスもの多額の金の国家からの支援を決めたの

もはや、完全な危機状態である。国が乗り出すしかなかった。

た。そして、土地の価値の下落は、破産者の続出となってあらわれた。こうなっては

たのである。債務の返還を迫られた者が、土地を売って借金を返そうとしたからだっ

らだと思える。本国内での通常の金利は五パーセント前後、リスクに応じて変ったにしろ、属州では一〇から一五パーセントであったとする研究者たちの説をとるとして、本国と属州では、確実に二倍、多ければ三倍の金利の差が出てくる。そして、属州への融資も、ローマ人自らが達成した「パクス・ロマーナ」によって、本国並みのローリスクとまではいかなくても、もはやハイリスクではなく、ミディアムリスクの程度には変っていたのだった。ローリスク、ローリターンと、ミディアムリスク、ハイリターンを比べるならば、誰にもわかることである。ローマ人の金融業者が、「一定の割合」をともすれば越えがちなほどにヨーロッパやアフリカに融資するのを止めなかったのも、「マネー」の論理に従ったまでだと思う。だが、それをしたからこそ、属州の経済力は向上したのであり、ローマ帝国全体の「平和（パクス）」の維持にも役立ったのである。紀元三三年に起こったこの金融危機は、本国イタリアの「空洞化」の前兆ではなく、本国と属州の間の「均等化」、具体的には本国と属州の金利差の縮小化、の前兆ではなかったか。そして、本国民と属州民、勝者と敗者間のこの均等化こそ、ローマの帝国主義とその後のイギリス等の、もちろん日本も含めての帝国主義のちがいであったと確信する。

金融危機の鎮静化と入れ代わるような感じで、ティベリウスの決断を必要とする出来事が東方で再発した。東方が問題になるのは、実に十七年ぶりである。これもティベリウスの施策の成功の一例だが、紀元一八年にアルメニアの王位にアルタクセスをすえて以後、この王の善政とローマの後援のおかげでアルメニア王国は安泰であったのだが、その王の死をきっかけに例によってパルティアが介入してきたのが、問題再発の要因であった。パルティアは、王家の一人をアルメニアの王位に就けることで、アルメニアをローマから離そうと策したのだ。

パルティアは、老齢でカプリに引きこもったままのティベリウスにはもはや、東方に精力的に介入してくるエネルギーはないと判断した。だがティベリウスは、七十六歳になっていてもティベリウスだった。

パルティアの動きを知るやただちに、ヴィテリウスを東方に派遣したのである。ティベリウスには、帝国の東方安定の鍵であるアルメニアの新王を、パルティアに渡す気はまったくなかった。空席となったアルメニアの新王として、人質として送られてきて以後ずっとローマで育ったティリダテスを送り出す。新王即位はしかし、パルティアとは戦争にもって行かないで成就する。これが、ヴィテリウスに与えられた任務で

あった。シリア属州総督に任命されて赴任するヴィテリウスには、十七年前にゲルマ
ニクスに与えていたと同じの、東方全域の最高指揮権までが与えられた。

このときのヴィテリウスもまた、ティベリウスの人材活用の妙を示す一例になった。

シリア属州駐屯の四個軍団はまったく使わず、パルティアをはじめとする東方の専制
君主国が互いに武器を交えるのを静観しながら、漁夫の利を得るやり方で、ティリダ
テスのアルメニア王位就任を成功させたのである。

ティベリウスは、大国パルティアを牽制できる力をもつ唯一の東方の君主国である
アルメニアが、ローマの友好国であること以上のことを求めなかった。このアルメニ
アはローマに、年貢金も払っていないし兵の供給も義務づけられていない。王位に就
く者が親ローマであることだけが、帝政ローマの対アルメニア政策であった。

これを成しとげたヴィテリウスは、シリア属州の総督官邸のあるアンティオキアに
向う。この時期に彼の行ったことの一つが、十年間にわたってユダヤの長官を務めて
いたポンツィオ・ピラトの解任とイタリアへの送還である。ピラトは、イエス・キリ
ストを十字架にかけた罪で本国に召還され、裁判にかけられると決まったのではない。
ユダヤ地方の長官としての職務の遂行が、ローマの行政官としては告訴に値すると判
断されたからである。イエス・キリストをめぐって起こったユダヤ人社会の混乱も、

ピラトの悪政の結果の一つとされたのかもしれない。ティベリウスは、他の民族が何を信じようがそれは認めた。ただし、社会不安の源になるのだけは許さなかったのである。ポンツィオ・ピラトに対してなされた裁判は、職務の遂行不充分とされた行政官に対してのものであって、キリストと呼ばれた若い大工の死に対してのものではなかった。

召還されたピラトが本国に帰ったと同じ年の紀元三六年、ローマの七つの丘の一つであるアヴェンティーノの丘を大火が襲った。大競技場（チルコ・マッシモ）の観客席の下に集まっていた店の一つが火元で、ユリウス・カエサルによって再建された十五万人収容の大競技場の観客席は三階造りだったのだが、その当時は一階だけが石造で、上の二階は木造であったのだ。そして、石造部分の下には、大競技場に集う観客を目当てにした各種の店がひしめいていた。

その店の一つから出た火は、立ち並ぶ店を焼きつくしたのみで留まらず、大競技場の木造部に燃えあがり、折りからの強い北風を受けてアヴェンティーノにまで延焼したのだった。現代では閑静な高級住宅地になっているアヴェンティーノの丘だが、セカンド・ハウスをもつのが普通の古代ローマ人は、都市にある家に閑静までは求めな

い。それで、他の丘に比べれば都心部から少し離れているアヴェンティーノは、共和政時代からの幾つかの神殿の他は、庶民の住む地域になっていた。ゆえに、この年の火災で被害を受けたのは、大競技場や神殿などの公共建造物の他は、庶民の住居であったのだ。

このときも、ティベリウスの処置は早く、しかも徹底していた。百万セステルティウスの義援金が即座に贈られ、被害の調査と再建対策の協議とその実施の責任者として、五人の元老院議員による委員会が設置された。そのうちの四人はティベリウスの任命、残りの一人は執政官の任命による。ティベリウスが任命した四人は、三年前に流刑先のヴェントーテネ島で死んだアグリッピーナの娘三人の夫たちに、ティベリウスの息子だったドゥルーススの娘を妻にしている一人を加えた四人である。つまり、再建委員会のメンバーのうち四人までが、皇帝一族に連なる顔ぶれで占められたわけだ。これは、首都の市民と元老院に「自分たちを見捨てたティベリウス」という想いを、しばらくの間にしても忘れさせる役にはたった。彼にしては珍しく、政治的な配慮による人事である。昂然と世評を無視してきたティベリウスも、この時期ともなるとさすがに疲れたのかもしれない。

最後の日々

疲れの兆しを史実の中に探すならば、冷徹このうえもないやり方でセイアヌスを破滅させた直後の紀元三二年にすでに見出すことができる。

その年、国家反逆罪を使っての同士討ちの観を呈しはじめていた元老院での告発競争の中で、ティベリウスの友人の一人でもあった元老院議員のコッタが告発されたことがあった。食事の席で、ティベリウスとその一家を話題にしたのが罪とされたのである。批判したのではなく、素直に話したにすぎなかったのだが、皇帝の権威を損じた行為とされたのだ。それに対してカプリのティベリウスは書簡を送ってきた。書簡には、次のように書かれてあった。

「元老院議員諸君、もしもわたしに、何をどのように書けばよいか、いや今日この頃ともなれば、書いてはならないのは何であるかがわかるならば、神々がわたしに、わたしが連日のように感じている死ぬほどの苦しみ以上の苦を与えられても甘受するであろうと思う」

この書き出しに次いでティベリウスは、コッタとの長年の友情を語り彼の国家への

貢献を賞讃した後で、次のように書いて書簡を終えた。

「食事の席での会話までが、この種の告発の材料にされるようでは嘆かわしい」

だが、この書き出しの部分がタキトゥスの手にかかると、「ティベリウスもまた、彼自身の犯した極悪非道の犠牲者であった」となり、「その罪とそれを犯したことによる罪悪感の深刻さは、彼自らが告白せざるをえなかったほどであったのだ」となるのである。

私ならば、ちがう解釈をする。深刻な罪悪感の告白ではなく、ローマ帝国の指導層であるとも思えない元老院の質の低さへの、深刻な絶望の告白と読む。まったく、食事の席での無邪気な話題までを国家反逆罪告発への理由にするような元老院が相手では、ティベリウスでなくても、「何をどのように書けばよいか、いや今日この頃とも なれば、書いてはならないのは何であるか」がわからなくなるのも当然である。相手が馬鹿者であればあるほど、何をどう伝えるかは難事になるのだから。

それに、「わたしが連日のように感じている死ぬほどの苦しみ」というのも、一人で全責任を背負っている人がときに吐露することのある、自己憐憫、つまり自分で自分をかわいそうに思う、ではなかったか。なぜ自分一人がすべてを考え行わねばなら

ないのか、という嘆きは、すべてを一人で考え行ってきた人がしばしば陥る一時のスランプであって、この一時期のスランプを抜け出せば、その人は、吐露した自己憐憫など忘れたのかと思うほどのエネルギーで、再び「一人ですべてを考え行う」状態に復帰するのである。実際、こうも自制心なく吐露したにしては、その後のティベリウスは、この翌年の金融危機、その次の年から二年におよんだ東方問題の解決、そしてその直後の災害対策と、一人ですべてを考え実施する統治をつづけたのであった。

とはいえ以前のティベリウスならば、寸鉄人を刺す強烈な皮肉は放っても、絶望の告白や自己憐憫などは死んでも口にしない男であった。ティベリウスも老い、そして疲れたのである。

紀元三六年から三七年にかけての冬を、七十七歳になっていたティベリウスは、北西風の厳しいカプリ島を避け、ナポリ湾の西端に位置するミセーノの岬に立つヴィラで過ごしていた。そこならば冷たい北風や北西風から守られているだけでなく、正面にヴェスヴィオ火山を眺める絶景の地でもある。今では皇帝の所有になっているこの別荘は、共和政末期の優れた武将の一人というよりもその生活の豪勢さとグルメ志向で有名な、ルクルスが建てたものだった。現代では遺跡しか残っていないが、ルクル

スの貴族趣味を反映して、華麗ではあっても品の良い海辺のヴィラであったろう。ティベリウスはこのヴィラが好きだったようで、冬はしばしばここを避寒の地にしている。

しかし、紀元三六年から三七年にかけての冬は、いつもの冬ではなかった。七十七歳の皇帝は、死期が近づいたことを知っていた。病気一つしたことがなく、医者の進言も聴かずに自分の思うとおりに生きてきた彼だけに、体力の衰えが限界に近づいていることは、誰よりも彼自身がわかっていたのだ。広大なローマ帝国の統治を、責任感だけでやりとげてきたティベリウスである。後継者へのバトンタッチがスムーズに成就することの重要さも、充分に知っていたにちがいない。ティベリウスの後を継いで三代目の皇帝になる可能性をもつ者は三人いた。年齢順ならば、四十五歳のクラウディウス、二十四歳のカリグラ、そして、ティベリウスには直孫にあたる十六歳のゲメルスである。

ティベリウスはまず、年齢ならば最適任者であるクラウディウスを、候補からはずしたであろう。ティベリウスには実の甥にあたるクラウディウスだが、ティベリウスがアウグストゥスの養子に迎えられた際にクラウディウスの兄のゲルマニクスもティ

ベリウスの養子としてユリウス一門に入ったために、ティベリウスの実家であるクラ
ウディウス一門の家長は、今ではこのクラウディウスになっている。この人を皇位継
承者にしては、ユリウス一門に属す男のみが皇位に就くことに執着した、先帝アウグ
ストゥスの意にそむくことになるのだった。皇位継承者をクラウディウス一門から出
すことは、そこに自分も属していただけになおのこと、ティベリウスにはできないこ
とであったのだ。

所詮、ティベリウスには選択権はなかったのである。自分の死の後の皇位継承者は、
すでにアウグストゥスによってティベリウスの次と定められていたゲルマニクスの、
遺子の中で一人だけ残っていたカリグラと、ティベリウスの孫になるためにユリウス
一門に属すゲメルスの二人とするしかなかった。

死は、紀元三七年の三月十六日に訪れた。一世紀後の歴史家タキトゥスはいかにも
「恐しきティベリウス」の死にふさわしいように、枕で窒息させられての死とするが、
ティベリウスの死の年は十代であった博物学者プリニウスは、老衰による死としてい
る。私も、老衰による自然死であったと思う。七十七歳と四ヵ月で迎えた死であった。

ローマ帝国は、タキトゥスのような共和政シンパがどう批判しようと、カエサルが

企画し、アゥグストゥスが構築し、ティベリゥスが盤石にしたという事実ではまちがいない。

ティベリゥスは何一つ新しい政治をやらなかったとして批判する研究者はいるが、新しい政治をやらなかったことが重要なのである。アゥグストゥスが見事なまでに構築した帝政も、後を継いだ者のやり方しだいでは、一時期の改革で終ったにちがいないからだ。アゥグストゥスの後を継いだティベリゥスが、それを堅固にすることのみに専念したからこそ、帝政ローマは、次に誰が継ごうと盤石たりえたのである。

しかし、このように地味な努力は、人々から評価されにくい。また、これだけは弁護のしようもない、性格上の欠陥が彼にはあった。ティベリゥスの死を知った首都ローマの市民たちは、歓呼でそれを迎え、「ティベリゥスをテヴェレ河に投げこめ！」と叫んで街中を踊りまわったのである。

しかし、死の直後でさえも、ティベリゥスの業績を正確に評価した人はいた。ただし、そのような人をティベリゥスは、首都の市民の中にも元老院議員の中にも、もつことはできなかった。属州エジプトの首都アレクサンドリアの住人で、ローマ市民権ももたないユダヤ人のフィロン、その学識の深さで「ユダヤのプラトン」と呼ばれた

だけでなく、アレクサンドリアのユダヤ人社会の代表格という、実社会のリーダーでもあったフィロンの著作中に、求めるしかなかったのである。

「皇帝ティベリウスの死の後にガイウス（通称カリグラ）が受け継いだ帝国とは、世界のすべての陸とすべての海と言ってもよい、広大なローマ帝国であった。だが、それでいてこの帝国では、いかなる規模の『争い』も過去のことと化したが、その原因は、帝国の全域において、公正な法が厳正に施行されてきたからである。帝国の東方でも西方でも、南でも北でも、すべての陸と海は、ローマ帝国の名のもとに調和ある統一体を形成している。帝国の内部では、蛮族も文明の民と混じり合い、征服者は被征服者と混じり合い、両者ともの願望である平和の維持のために、各人は各人の責務を果す。

日々の生活の現状もまた、感嘆の想いなくしては眺められないものである。蓄積された富の中でも、黄金や銀は通貨であろうと工芸品であろうと満ちあふれ、帝国全域をめぐる通商網は、富と物産の交流を盛んにする。軍事力も、歩兵、騎兵、海軍と整備され、帝国内ならば、どこに住もうと安全に暮らせる。その意味でも帝国は、一つの統一体なのである。ユーフラテス河からライン河までをかかえこむ帝国は、太陽が

昇り没するのまでもかかえこむかのようである。

これらすべての特典は、本国イタリアに住むローマ市民だけが享受しているのではない。ヨーロッパの民も、そしてアジアの民も、つまりは帝国の民すべてが享受している特典である。そして、これほどの状態で帝国を受け継ぐ幸運に恵まれた皇帝は、ガイウス（カリグラ）がはじめてであった。個人規模であろうと帝国規模であろうと、富でも権力でも繁栄への基盤でも、何一つ新たに求める必要はない。すでにして、存在するのだ。幸福は、扉の外に待っている。やらねばならないことは、扉を開けて中に入れることだけであった」

社会不安の源になるとして、本国イタリアから一時的にしろユダヤ人のコミュニティーを追放したこともあるティベリウスが、自分の死の後にユダヤ人の一人が、このように書いていたことを知ったらどう思ったであろうか。

そして、近現代の歴史研究者たちによるティベリウス復権の傾向は、一千八百年も経って人々の考え方が変ったからではない。考古学の発展のおかげなのである。それまでは古代の歴史家の著作に頼るしかなかったのが、かつてのローマ帝国全土から発掘されるようになった、数多くの碑文その他の史料も参考にできるようになったから

である。それをいかにもドイツ人らしい徹底さで実行したのが、歴史著作でありなが
らノーベル文学賞まで受賞した、十九世紀の歴史家モムゼンであった。このモムゼン
のティベリウス評は、「ローマがもった最良の皇帝の一人」である。

　皇帝ティベリウスを語ったこの章を、一九九六年に亡くなった国際政治学者の
高坂正堯氏に捧げたい。生前に高坂さんは、ローマ皇帝の中ではティベリウスに
他の誰よりも共感をいだく、と言われた。なぜかをただす前に亡くなってしまっ
たが、ティベリウスを書き終えた今、その理由が私にはわかるような気がする。

第二部　皇帝カリグラ

C. Iulius Caesar Germanicus

（在位、紀元37年 3 月18日—41年 1 月24日）

若き新皇帝

ティベリウスの死去とカリグラの登場を、ローマ帝国の中でもとくに本国イタリアと首都ローマの住民たちは、長く沈鬱な冬の後の春の訪れのような喜びで迎えたのである。七十七歳の老皇帝の後を継いだのは、二十四歳と七ヵ月の美しい若者。これだけでも、人心の一新に効果あった。だが、それだけではなかった。

まず、神君アウグストゥスの血を引く者が皇位に就くべきと信じていた人々は、父方母方の双方からアウグストゥスとは血の繋がりのあるカリグラの登場に、ようやく"大政奉還"は成ったと喜んだのである。

また、皇帝への対抗勢力でもあった元老院も、カリグラの登場を歓迎したことでは同じだった。カリグラの父である亡きゲルマニクスの元老院寄りの姿勢を想い起こし、その子ならティベリウスのような、書簡を送りつけてきては元老院にはその議決しか求めないという、元老院の権威を無視するような統治はしないであろうと思ったのだ。

それに、カリグラは若かった。若ければ、元老院による操縦も容易に思えたのである。

　一般市民たちは、文句なく大歓迎だった。彼らの間ではいまだに根強い「ゲルマニクス神話」が、よみがえったかのようで嬉しかったのだ。それに、剣闘士試合さえも許さなかったティベリウスの緊縮財政策に、庶民は飽きていたし、快楽にも餓えていた。

　兵士たちも、とくにライン河防衛線を守る八個軍団はとくに、カリグラの即位をわがことのような喜びで迎えた。よちよち歩きの時期をライン沿岸の軍団基地で過ごした新皇帝は、兵士たちが作ってくれた幼児用のカリガ（ローマの軍靴）をはいて遊んでいたので、兵士たちは本名のガイウスでなく、カリグラ（小さな軍靴の意味）という愛称で呼んでいたのだ。彼らの総司令官であったゲルマニクスには三人の男子がいたが、軍団兵のマスコットであったのは、三男のカリグラだけであった。そのカリグラが皇帝になったのだ。ティベリウスの即位当時のような、給料値上げと条件改善を求めて起こった軍団兵のストライキも、カリグラ即位に際しては起きなかった。このような動きは、受け容れざるをえないような弱点をもった相手に対して起こす場合が多い。ティベリウスによる皇位継承の弱点は彼がアウグストゥスの血を引いていなかったことにあったが、カリグラにはこの種の弱点もなかった。

紀元三七年のカリグラくらい、すべての人々に歓迎されて皇位に登った人はいない。言い換えれば、敵なしの状態で帝国の最高権力者になった者は一人もいなかった。そして、カリグラの即位を祝う人々の喜びがまた、純粋そのものの喜びであった。

人心の一新にも、二種類がある。危機状態からの脱出を願って求める人心の一新と、さし迫った必要はないにかかわらず、単に変化を求めるがゆえの人心の一新である。前者の場合、求める人々の気分は幸せでなく余裕もない。反対に後者の場合は、幸せだし余裕もある。カリグラの登場を迎えた人々の気分は、後者であった。ユダヤ人のフィロンが書いたように、「幸福は、扉の外に待っている。やらねばならないことは、扉を開けて中に入れることだけ」であったのだから。

カリグラは、ティベリウスによって盤石となったローマ帝国が享受しつつある幸福（フェリチタス）の象徴として、そのローマ帝国の統治の最高責任者の席に招じ入れられたのである。いや、フィロンも含めて、ほとんどの人がそう信じこんだのであった。

翌、三月十七日には、皇帝の死をローマ中が知った。

ナポリ西方のミセーノの地でティベリウスが息を引きとったのは、紀元三七年の三月十六日である。

そして早くも三月十八日、元老院はすべての権力をカリグラに与えることを議決したのである。ティベリウスの遺体とともに首都に向いつつあったカリグラの姿さえも見ていないのに、帝国統治の全権を委託したのだ。

三月二十八日、先帝の遺体はローマに到着した。遺体につきそってローマ入りしたカリグラは、アッピア街道の終点で出迎えた二人の執政官に伴われて元老院に向った。議場には、属州勤務中の議員を除く全議員が、二十五歳にはまだ五ヵ月も足りない若者を待ち受けていた。そしてこの若者に、十日前に議決済みの、帝国統治の全権の授与を伝えた。ローマの皇帝になるには、元老院と市民の承認が必要とされている。この日元老院は、公式に「承認」を与えたのだ。市民側の承認は、首都入りしたカリグラを迎えた市民たちの歓呼と投げられた多くの花が、「承認」の証明とされた。

カリグラに授与された帝国統治の全権の内実は、次のものであった。

「第一人者」（プリンチェプス）——ローマ市民中の第一人者の意味しかない非公式の名称だが、被支配者である属州民を支配するローマ市民権所有者中の第一人者だから、実質上は最高支配者のことである。名称が謙虚であるのは、市民平等の理念に基盤を置いていた共和政時代の伝統を踏まえての、アウグストゥス得意の深謀遠慮の一例にすぎない。ゆえに、そのようなローマ特有の事情とは無関係な属州民は、「第一人者」（プリンチェプス）ではなく、後

には「皇帝（インペラトール）」の別称として定着することになる「カエサル」と呼ぶことが多かった。

「皇帝（インペラトール）」——もともとが兵士たちから指揮官の能力を賞讃されたときの呼称だが、カエサル以降はローマ全軍の最高司令官を意味する名称として定着する。カリグラには、ローマの全軍事力の指揮権が与えられたことになった。

「護民官特権（トリブニチア・ポテスタス）」——皇帝が軍事上の権力をもつことを意味すれば、護民官特権とは政事上の権力を意味する。政策立案の権利を有し、もしもそれを元老院が否決しようと、元老院の決定に対して拒否権（ヴェトー）（VETO）を発動できる権利も認められていた。

要するに元老院は、二十五歳にもならない若者に、帝国の創設者アウグストゥスの血を継いでいるというだけで、象徴的な尊称にプラス軍事上の最高指揮権にプラス政事上の全権までも与えたのである。広大なローマ帝国の統治を、全面的に委託したということであった。

しかもこの五ヵ月後、カリグラの二十五歳の誕生日に際し、元老院はもう一つの贈物をすることまで決議する。それは、「国家の父（パーテル・パトリアエ）」の尊称であった。

ユリウス・カエサルは、暗殺される数ヵ月前、五十五歳でこの尊称を贈られている。アウグストゥスが「国家の父」とされたのは、最高責任者としての歳月も三十年が

過ぎた後の、彼が六十一歳の年であった。

ティベリウスはその治世中に三度これを贈られているが、三度とも拒否して受けなかった。

これほどの栄誉をカリグラは、二十五歳の誕生日に贈られ、当然のこととでもいうように受けている。「国家の父」（パーテル・パトリアエ）だけは、元老院が勝手に決めることはできず、市民の要望があってはじめて、それを受ける形で贈呈を決議するのが決まりであったので、この一事もまた、挙国一致でカリグラに支持を与えたことの証明であった。

元老院からも市民からも、即位後の短期間のうちにこれほどの大権と栄誉を与えられたカリグラだが、彼は、統治とはどういうことであるかはわかっていなかったにしろ、ティベリウスの統治の後半期を見てきただけに、どのような統治をすれば不評を買うかということならば、完璧に理解していたのである。

自分から求めたわけでもないのに大権も栄誉も次々と贈られたカリグラの元老院での「施政方針演説」は、ティベリウス時代とは正反対の統治を行うという宣言ではじまった。もちろん、元老院議員も一般市民も拍手喝采である。カリグラはなかなかの弁論家でもあったので、演説の内容ともども、聴く人の耳に心地良く響いたのである。

若き新皇帝が約束したのは、次の諸事であった。

一、政治上の理由で本国の外に追放されている者は、全員に帰国を許す。

二、通称では「密告者」と呼ばれていた情報提供要員制度を全廃し、以後それを行う者は厳罰に処す。

ただしこれによって、帝国の全域から皇帝に送られてきていた情報の収集システムまで全廃されてしまったのだが、その弊害に気づいた人は、当時では誰もいなかった。

カリグラの「施政方針演説」をつづける。

三、ローマ中央政府の要職である執政官、法務官、会計検査官、按察官を選ぶ毎年の選挙は、ティベリウスが元老院に移していたのを、市民集会での選出にもどす。

本国イタリアだけでも五百万人を越えるのが、有権者の数である。この現状での直接選挙が、有名無実になって久しい。ゆえにこのときのカリグラの約束も、有権者尊重とは銘打ってあっても、それは政治上の理由ではなかった。元老院議員間の互選ならば選挙運動の必要はなかったのに、市民集会で選ばれるとなればそれが必要になってくる。そして選挙運動とは、有権者を招いての饗応とか、人気取りを狙っての剣闘士試合の提供とかであったのだ。そのための出費を思って候補者は苦い顔になったろうが、候補者になる心配のない一般市民からは大歓迎で迎えられたのは当然である。

四、不評な税金は廃止する。

税金は何でも不評なものだが、カリグラが廃止すると宣言したのは、経済活動の障害になるという理由をあげての一パーセントの売上げ税である。これはアウグストゥスが、防衛費の財源確保の目的で設置し、ティベリウスも、廃税減税の声が高かったにもかかわらず守り通した税であった。カリグラの廃税宣言には、これに代わる財源については一言もふれていない。おそらく、このようなことは考えもしなかったのだろう。

五、ティベリウスによって、反社会的言辞を弄したとして本国から追放されていた著作家たちの帰国を許し、その作品の刊行を許す。

これが誰で、作品は何であったかを記した史料はない。

六、これまたティベリウスによって追放されていた、俳優たちの帰国を許す。

ティベリウスは、"ファン"同士の衝突で起きる混乱を嫌い、その因である有名俳優を本国イタリアから追放していたのだった。

七、「第一人者（プリンチェプス）」は首都ローマに在住し、元老院の会議には必ず出席する。

これでは、元老院議員からも一般大衆からも好評であったのは当然である。先帝テ

イベリウスは、想い出すだに嫌な存在という感じで完全に忘れ去られた。遺体となってローマにもどった五日後に火葬に付され「皇帝廟」に葬られたのだが、その頃にはもはや、死を知った直後に起こった「ティベリウスをテヴェレ河へ！」も誰一人口にせず、国葬は、厳しく孤独であったティベリウスの最後にふさわしい、晴れわたった冬の日に似た静けさのうちにとどこおりなく終わったのである。誰もが、無関心になっていた証拠であった。

遺言も、市民や兵士たちへの遺贈金の分配以外のことはすべて無視された。カリグラが無視したのではなく、元老院が無視したのである。ティベリウスが遺言した、カリグラとティベリウスの孫ゲメルスの二人への均等な皇位継承権の遺贈も、カリグラ一人としたのは元老院であった。カリグラのほうがかえって、皇位継承権を認められなかったゲメルスを、自分の養子にしたほどである。養子にするということは、次の皇位を継ぐ候補の一番手という意味をもつ。元老院は、あらゆることでティベリウス憎しを忘れたかったのである。カリグラへのせわしないまでの傾斜も、ティベリウス憎しの反動でもあったのだ。そしてカリグラは、これも完全にわかっていたのだった。

皇帝でも王でも、戴冠式というものがあって即位すると、われわれは思っている。

ところがローマの皇帝には、戴冠式というものがない。アウグストゥスの深謀遠慮によるローマ独自の帝政のせいで、市民中の第一人者という建前になっているため、他の市民たちと厳然と区別する「冠」がないのである。ローマの皇帝とは、無冠の帝王と考えると理解しやすい。通貨に見られる皇帝の横顔でも、その半ばは「無冠の帝王」の姿である。

とは言っても、戴冠式なるものを経て即位する他国の王や君主たちよりは、権威権力ともはるかに強大なのがローマの皇帝である。彫像や通貨に彫られる際、頭上に何もないのでは不都合な場合も多い。ローマの通貨とは、ローマ帝国内にかぎらずその周辺に住む蛮族でさえも欲しがった、信用置ける国際通貨でもあったからである。それでしばしば、月桂樹の葉や樫の葉で飾った月桂冠や市民冠をかぶった姿で表現されるのである。これが実際なるものをそれを模した月桂冠や市民冠をかぶった姿で表現されるのである。これが実際の戴冠というよりは葉飾りの葉っぱで作られようがそれを模した黄金製であろうが、冠というよりは葉飾りのリボンという感じだ。うなじのところにリボンの結びの部分がくるので、男らしく太い首筋にリボンの結び目では、威厳を求められる皇帝らしくない。それで皇帝にオリエント色が強くなる後期になると「冠」の形も変ってくるのだが、帝政の初期も中期も、ローマ皇帝の「冠」はリボン・スタイルが支配的でありつづけたのであった。だがなぜか、この「冠」のほうが彼らには似合う。そして、戴冠

式もなく、元老院と市民が承認したときが治世のはじまりというのも、合理的なローマ人らしかった。

というわけでカリグラの場合も、戴冠式もなく即位式もなかったのだが、不在なのに元老院が全権を授与した、三月十八日が統治のはじまりになるのである。そして、元老院での「施政方針演説」も終え、前任者の葬儀も終えた段階で新皇帝が最初にしたことは、これまた伝統的に家族を重要視する一般ローマ人の、共感を呼ばずにはすまないことであった。

若き皇帝は、嵐が接近しているとの報にも耳を貸さず、ローマの外港オスティアに用意させた船に乗船する。そして、空が怪しく変っているのにもかまわずに船を出させた。行き先は、ヴェントーテネとポンツァの二つの小島。流刑中にそこで死んだ、母のアグリッピーナと兄のネロ・カエサルの遺灰を持ち帰るのが目的だった。

遺灰の入った壺を胸にローマに帰ってきたカリグラを迎えたのは、市民たちの涙と熱狂である。涙は、非業の死をとげたゲルマニクスの妻と息子に、熱狂は、家族想いの若き最高権力者への市民の共感であったのだ。二人の遺灰は、「皇帝廟」に葬られた。そしてカリグラは、このことを彫らせた通貨を発行した。このようなことの政治的意味を、彼が充分に知っていたことの証しである。

そしてこれを機に、カリグラは鎖から解き放たれたのだ。だが、ティベリウスという鎖から解き放たれたのは彼一人ではなく、元老院も市民も同様であったことが、これ以後のカリグラの統治を解く鍵（かぎ）でもあると、私ならば推理する。

生立ち（おいた）

カリグラがティベリウスから受け継いだのは、外敵の怖（おそ）れもなければ内敵も芽のうちに摘み取られていた帝国と、税の値上げもせず新税の設置もせずに成しとげた健全な国家財政と、必要な出費はしながらも貯蓄できた二億七千万セステルティウスもの黒字であった。「鎖から解き放たれる」を意味する言語はラテン語にも、またラテン語の長男と言ってもよいイタリア語にもあるが、言語は普通いくつかの意味をもつように、これにも派生的な意味がある。それは、「好き勝手なことをやる」であり、「正気の沙汰（さた）でない」であった。

しかし、鎖から解き放たれた解放感を満喫し、これからは好き勝手なことをやれると思ったとて、これまでのカリグラの半生を考えれば無理もなかったのである。二十

　五歳にしてすでに、彼の半生は波乱の連続であった。

　アウグストゥスが死ぬ二年前の紀元一二年の八月三十一日に、ローマからは五十キ

ロ南に下ったアンティウム（現アンツィオ）に生れている。現代では漁業が主の町で

しかないアンツィオだが、古代ではローマの上層階級の豪勢なヴィラが立ち並ぶ優雅

な海辺の町であった。カリグラの次の次の皇帝になるネロも、ここで生れている。ロ

ーマからは外港オスティアで船に乗ればすぐの距離、アッピア街道を下れば途中でそ

れを捨てて真南の道をとってまもなく着けるという、便利で美しい海辺の町であった

のだ。

　幼児の頃のカリグラは、幼い頃のアウグストゥスにも似て、まことに愛らしい子で

あったという。そのカリグラを模した像をアウグストゥスは自室に置き、帰宅のたび

にそれに接吻（せっぷん）したというほどだった。アウグストゥスにとっては、孫娘アグリッピー

ナの息子だったから曾孫（ひまご）にあたる。

　だがカリグラは、このアンツィオにもローマにも長くいることはできなかった。夫

の任地には常に同行する母に抱かれて、遠い北国のライン河ぞいの軍団基地へ行くこ

とになったからである。二歳にもならないのに、ローマを後にした。そしてその後一

ヵ月もしないで、曾祖父のアウグストゥスが死去し、皇帝はティベリウスに代わっ

た。

これを機にライン河防衛のローマ軍団で起こった暴動については、ティベリウスの項で述べたとおりである。二歳のカリグラの存在が、暴動鎮圧に悪戦苦闘していた父のゲルマニクスの苦境を救う端緒になったこともすでに述べた。二歳から四歳までの時期を、軍団兵たちのマスコットであったカリグラは、辺境の防衛に従事する兵士たちが行き交う軍団基地で育ったのである。誰も本名のガイウスでなく、愛称のカリグラ（小さな軍靴）で呼ぶようになったのも、この時期からのことであった。

五歳になる少し前に、父母とともにローマに帰っている。父のゲルマニクスが、凱旋式を挙げることになったからだ。凱旋式は、首都で挙行されると決まっていた。ローマ中を熱狂させた五月二十六日の凱旋式では、父の御す四頭の白馬の引く戦車に、十歳のネロ・カエサルと九歳のドゥルースス・カエサルの二人の兄とともに同乗している。その年三十歳だったゲルマニクスは市民たちの人気の的であったのだが、良き家庭の父親というのも人気の原因の一つであった。

その年の末に、オリエントに任地換えになった父に従いて、五歳のカリグラも、ギリシアを横断して小アジアをまわり、シリアのアンティオキアに向うという大旅行を経験している。夫の公務には必ず同行することにしていた母アグリッピーナの考えで、

教育上の理由で兄二人はローマに残ったのに、カリグラだけは同行したのである。だが、父ゲルマニクスの占めていた地位の高さからも好奇心いっぱいの性格からも、急いでいないこの旅は、幼児にとってさえ愉しいものであったろう。旅行中に立ち寄ったエーゲ海の島で、妊娠中だった母は女子を出産した。

アンティオキアの総督官邸での生活は、一年とつづいていない。翌年には、これまた父母とともに六歳のカリグラは、エジプトに旅行しているからである。そして、エジプトからシリアにもどってきて半年も経ない紀元一九年の十月十日、三十三歳になったばかりのゲルマニクスは死んだ。カリグラは、七歳にして父を失ったのである。

ゲルマニクスの死因は現代ではマラリアであったということで定着しているが、当時では、倒れてから死までの十日間を夫の病床につきっきりであったアグリッピーナも、そして死につつあったゲルマニクス自身も、シリア総督ピソが毒を盛ったからだと信じていた。そして、ピソの背後で糸を引いていたのはティベリウスだと信じて疑わない母とともに、幼いカリグラは海路ローマにもどる。

とはいえ、ローマの指導者階級に生れた子たちにとっては、父親を早く失うのは珍しい例ではない。早く失うか、それとも公務で海外に出たままの父親をもつほうが普通で、子供たちの養育は、留守宅を守るのが常の母親の役目であった。しかし、カリ

グラの母は他の母親たちとはちがった。父の遺灰を胸にした母に手を引かれて帰国して以後の七年間、つまりカリグラにとっては七歳から十四歳までの性格形成の時期を、ティベリウス憎しの一念でこり固まった母の許で育ったのである。法律上では祖父になるティベリウスと母アグリッピーナの間が日ごとに険悪の度を増す家庭が、少年のカリグラが育った場であった。

カリグラが十五歳の年、ティベリウスはカプリ島に隠遁してしまう。そしてその二年後、カリグラにとっては曾祖母にあたった、先帝アウグストゥスの未亡人のリヴィアが死んだ。リヴィアの死は、アグリッピーナとその息子たちにとっては、ティベリウスを制止できた唯一人の人を失ったことを意味した。

その年、国家反逆罪で訴えられ有罪判決を受けた母のアグリッピーナと長兄のネロ・カエサルが、ヴェントーテネ島とポンツァ島に島流しになる。そしてその翌年には、次兄のドゥルースス・カエサルも同じ罪で、皇宮の地下に幽閉された。

母が流刑になって以後のカリグラは、祖母のアントニアに預けられる。アントニアはその名も示すように、クレオパトラに魅了されたあげくに祖国ローマに弓を引くまでになってしまったマルクス・アントニウスと、アウグストゥスの姉のオクタヴィア

との間に生まれ、ティベリウスの弟のドゥルーススに嫁いだ女人である。派手好きの父よりも堅実な母の気性を継いだのか、若くして未亡人になって以後も再婚もせず浮いた噂一つなかった人で、アウグストゥスにもティベリウスにもそこを見こまれ、アントニアの屋敷は、ローマに人質となってきている属国（ローマ側の言い方では同盟国）の王子たちのホームステイ先になっていた。それゆえ、その家に預けられたカリグラには、トラキアの王子やユダヤの王子という国際色豊かな学友兼遊び仲間ができたことになる。おそらく、十七歳から十九歳というこの二年間が、カリグラにとっては最も幸せな時期ではなかったか。なぜなら、これらの異国の王子たちからカリグラは、実に大きな影響を受けているのである。ただしこの時期に、ポンツァに島流しになっていた長兄のネロ・カエサルが死んだ。

紀元三一年、皇帝ティベリウスによる近衛軍団の長官セイアヌスの粛清が実行に移される直前、カリグラはティベリウスの命令で、カプリ島に呼ばれている。そのカプリで、以後は長衣の着用を許される成人式を済ませた。十九歳の成人式とは、常に比べても遅い。普通ならば十六歳か、遅くても十七歳には済ませていなければならない。だがこの時期、カリグラの親権者である母のアグリッピーナは、ティベリウスによる告訴理由を信ずるならば、反ティベリウス派の結成に奔走していたとなる。もしかし

たらそれで、母親は三男の成人式を忘れてしまっていたのかもしれない。

とはいえ、遅い成人式を済ませた二年後、二十一歳のカリグラは会計検査官（クワェストル）に選出されている。ローマの指導者階級に生れた者の責務である、公職キャリアの第一歩を踏み出したのだった。その年、最初の妻を迎えている。ただしこの同じ年のはじめには、パラティーノ丘上の皇宮の地下に幽閉されていた次兄のドゥルースス・カエサルが死に、秋にはヴェントーテネ島で、流刑中の母アグリッピーナが死んだ。

最初の妻との結婚は、三年しかつづかなかった。紀元三六年、ローマの七つの丘の一つのアヴェンティーノが全焼したと同じ年、若い妻は出産がもとで死んだからである。子も助からなかった。

そして、それから数ヵ月しか経たない紀元三七年の三月十六日、皇帝ティベリウスが死ぬ。二十五歳も迎えていない若者は、独身で子もない身軽な状態で、すべての権力とすべての人からの敬愛を一身に集めることになったのである。そしてこの若き最高権力者には、前任者のように、不人気を甘受してまでローマ帝国の国益を考える気など毛頭なかった。いや、こう言ってしまっては、カリグラが無責任であったという

理解し、それに満足を与えようとしただけである。問題は、国家財政がそれを許すか

否か、であった。だが、即位直後のカリグラには、ティベリウスが残した二億七千万セステルティウスもの黒字があったのである。

治世のスタート

　元老院と市民から全権を与えられて皇帝になって直後のカリグラが、一パーセントの売上げ税（現代の消費税）を全廃すると公表したことはすでに述べた。即全廃ではなく、紀元三七年中は〇・五パーセントに、紀元三八年から全廃ということであったらしいが、廃税なのだから、誰もが拍手喝采で迎えたのは言うまでもない。

　次いで六月一日、ティベリウスの遺言に従って、下層の市民と兵士たちへの遺贈金の分配が実施された。一人につき、三百セステルティウス。さらに七月十九日には、二回目の遺贈金の分配が実施される。こちらのほうは、遺言執行者であるティベリウスが実施を怠っていた、リヴィアの遺贈金の分配だった。金額は同じく三百セステルティウス。この二度にわたる遺贈で、兵士ならば一年の給料の半ば以上のボーナスをもらったことになる。

　しかしこれは、リヴィアとティベリウスの私財からの支出だから、国庫の支出には

ならない。だが、この二人ともの遺産相続人はカリグラなので、公人であったティベ
リウスはともかくリヴィアの遺言まで実行したカリグラを、世間は、蓄財には無関心
な公共心にあふれた皇帝と見たのであった。

　当然、八月三十一日のカリグラの誕生日は、全市民あげての祝事になる。そしてカ
リグラは、この日を単なる誕生日にはしなかった。建物は完成していたのに奉納式は
まだだった、神君アウグストゥスに捧げた神殿の奉納式も同時に挙行したのである。
奉納式は、最高神祇官も兼任する皇帝が行うと決まっている。だがティベリウスは、
首都ローマに帰るのが嫌で先送りしていたのである。それを挙行したカリグラは、元
老院にも一般市民にも、ティベリウスの治世などとび越して、アウグストゥスからカ
リグラへの皇位の継承でもあるかのような印象を与えたのであった。この空気の中で
は、自分の即位の日である三月十八日を国祭日にしたいというカリグラの要望も、元
老院も市民も全面的に賛成して実現したのも当然である。そして、この流れに乗ると
いう感じで、九月二十七日、市民の要望を受けて元老院が議決した「国家の父」の
尊称が、正式にカリグラに贈られたのであった。もちろんカリグラは、それを当然の
こととして受ける。二十五歳の若者は、ユリウス・カエサルとアウグストゥスという、
二人の「神君」に迫る栄誉まで与えられたことになった。

それに、カリグラがローマ入りした三月二十八日から「国家の父」になった九月二十七日をはさんでの七ヵ月間というもの、首都ローマでは毎日が祝祭のようであったのだ。連日どこかで、剣闘士試合か四頭立ての戦車競走か、体育競技会か演劇かが行われていた。いつもの自然色の短衣から祝日用の白く晒したものか色つきの短衣に着替えた庶民も、カリグラの治世の幸い多きことを願って神殿で行われる犠牲を捧げる式に参加し、女や子供たちは花の冠を頭上にいただいた姿で街中を練り歩く。そして競技に熱狂し、試合ではひいきの選手に声援を送り、へとへとに疲れて家路につくのである。それでも誰もが、幸せいっぱいの顔だった。長く厳しい冬の後の、春の訪れであったのだから。ただしこの「春」は、莫大な国庫の支出を伴わずにはすまなかったのである。

大病

十月、それまではことあるごとに民衆の前に現われ、人々の歓呼を浴びるのが常であったカリグラが、突然に姿を消した。
カリグラはまだ充分に若く、痩せ型でも肉体は頑健で、病床に伏したことは一度も

なかったのだ。それが、高熱で起きあがれないという。誰もが仰天した。私の想像す
るには、皇帝になった興奮とそれにつづいた七ヵ月間もの連日連夜の祝宴騒ぎでぶっ
倒れたのだと思うが、高熱と聴いた人々は、カリグラの父のゲルマニクスの最期を思
い出して仰天したのである。首都はもちろんのこと本国イタリアでも、また遠い属州
でも、一神教徒であるために皇帝に忠誠を誓えず、それがためにローマの軍役さえ免
除されているユダヤ人までが、カリグラの病気からの快癒を願って犠牲式をあげたほ
どであった。

　即位から七ヵ月、ボーナスを配ることと祝祭や見世物を提供することしかしていな
いカリグラなのに、なぜこれほども人々の好意を浴びることができたのか。この疑問
には、エジプトの首都アレクサンドリアのユダヤ人社会のリーダー格であり、その学
識の深さから「ユダヤのプラトン」と呼ばれたフィロンの次の記述が答えてくれるよ
うに思う。

　「カリグラ重病の知らせは、たちどころに帝国中に広まった。それを知った人々は、
昨日までの人生を満たしていた良き愉（たの）しみを捨てただけでなく、賭事（かけごと）のような悪しき

愉しみまで捨ててしまった。代わって家々と街々を満たしたのは、不安と心配と落胆と失意であった。まるで帝国中が、彼とともに病に倒れたようだった。だが、カリグラを襲った病気よりは、帝国中を襲ったこの病のほうが重症だった。なぜなら前者は、肉体だけに打撃を与える病だが、後者の病気はすべてに打撃を与えるものであったからだ。気力、平和、希望、幸福、幸福に恵まれてそれを享受できるという確信。これらのことが明日からは奪われてしまうのではないかという不安と心配が、人々を病人にしたのである。昨日までの平和と幸福に代わって、明日からは、無政府状態、飢饉、戦争、破壊、耕す人もいなくなって荒れ果てた耕地、財産の没収、無法状態での殺しと人さらいの横行、奴隷に生れてもいない人々までの奴隷化、最後には不幸を嘆きながらの死。

これらの諸悪に再び落ちこむことから救い出す道は、カリグラの回復しかなかった。そしてそのことを、帝国中の誰もが感じていた。

どの街でも人々が、ローマからの旅人が着くやまず一番にたずねるのは、カリグラの病状だった。そしてそれが回復に向かっていると知ったとき、人々は街中に踊り出たのである。カリグラの快癒は、帝国中の人々にとって、将来への不安の解消を意味していたからであった」

このユダヤ人の記述くらい、ローマの帝政が人々に何を恵んだかを示しているものもない。ユリウス・カエサルが青写真を引き、それにそってアウグストゥスが構築し、ティベリウスによって盤石となった帝政ローマ。カリグラが受け継いだのは、このローマであった。カリグラの回復を被支配者たちまでが祈願したのは、彼の死が帝政ローマの死とイコールになるかと人々が怖れたからである。即位からの七ヵ月間、政治ならば何一つしていないのだから、帝国中を巻きこんだ快癒祈願は、皇帝としてのカリグラの実績を評価したうえでの人々の感情ではない。カリグラが、帝政ローマを体現していたからである。そして、政治ならば「何一つしなかった」のも、結果としてはかえって良かったのだ。

ティベリウスとは反対の政治をすると宣言して即位したカリグラだが、反対の政治は、廃税とか祝祭や見世物とかいう人気が高まることうけあいの派手な事柄に限っており、属州の統治や辺境の防衛のような一般庶民の関心を引かない地味な分野では、ティベリウス方式をいっさい変えていない。首都がお祭り騒ぎで七ヵ月間を過ごそうと、属州も帝国の防衛線も、ティベリウスによって登用された人々が、微動だにもしないくらいにささえていたのである。歴史家モムゼンの言葉を借りれば、「ティベリ

ウス門下[スクール]の人々だ。カリグラも、晩年のティベリウスとのカプリでの六年の同居生活で、このことの重要性は学んだのではないかと思う。総督であれ軍団長であれ、人事くらい、それをもつ権力を実感させてくれるものもない。だから、人事権をもつ者が交代すると、その下の者たちも総交代することになるのである。それなのにカリグラは、四年足らずという短い治世であったとはいえ、ティベリウスが決めた人事を、ほとんどと言ってよいくらいに動かしていない。権力を誇示することが大好きであったカリグラを思えば、これは実にまれな、帝国にとっては実に幸せな例外事項であった。

紀元三七年の秋の病気の前と後とではカリグラの性格が一変したとする史家は多いが、私にはそうは思えない。病気の前は、やりたくても遠慮してやらなかったことを、健康を取りもどして以後は、遠慮しないでやるようになっただけである。

カリグラは、不人気による孤独に苦しんだ晩年のティベリウスをそば近くで見ていた。あれだけは絶対に味わいたくないと思ったのであろう。二十五歳にも満たない若さでティベリウスの後を継いだカリグラは、繊細で影響を受けやすく、傷つきやすい性格の持主だった。不眠症は、常に彼を悩ませた。このカリグラは、今やすべてをも

っていた。権威も権力も、支配者である彼にとっては被支配者になる他民族の人々からの愛情さえも。

すべてを所有する人にとっての最大の恐怖は、現に所有しているものを失うことである。人々の捧げる愛情を拒絶したティベリウスとちがってカリグラは、それを失わないために全力を集中するようになる。そして、彼の快癒を願って帝国中で燃やされた犠牲のあげる煙と匂いは、それまでの遠慮を吹きとばす勇気を彼に与えたことだろう。なぜなら、病気前の遠慮は、それを行うことで人々の好評を得られるか否かがわからなかったからではなく、ただ単に、世間の反応を気づかっての躊躇に過ぎなかったのだから。それが今や、世間はカリグラについているこがはっきりしたのである。

全快した最高権力者がまず最初にやったことは、養子にしていたゲメルスを殺させたことであった。先帝ティベリウスの遺言ではカリグラと同格の皇位継承権を与えられていたゲメルスも、ティベリウスの死から八カ月も経ないで消されたのである。二十五歳の皇帝による十八歳の皇位継承者の殺害を、皇帝の全快を狂喜で迎えた世間は完全に黙認した。

神に

　紀元三七年の冬から三八年の夏のはじめまでの七ヵ月間が、若き最高権力者が最も権力に酔えた時期であったろう。そして、二十五歳のカリグラの考えた「権力」とは、カエサルやアウグストゥスやティベリウスの頭にあった「権力」、言い換えればローマ的な権力ではなく、少年期の学友であり彼にとっては親友でもあった、オリエントの王子たちの教えた東洋的な権力であったのだ。

　オリエントの専制君主の息子である彼らが故国にもどって王位に就けば、その頭上には王冠が輝く。王と呼ばれ、臣下も民もその前に平伏する。ところが、彼らを故国にもどし王位に就けるか否かの鍵を手中にしているカリグラは、「無冠」なのである。「皇　帝」と呼びかけるのは兵士だけで、一般の市民でさえも「第一人者」としか呼びかけない。ましてや、平伏などは誰一人考えもしない。「無冠の帝王」とは、専制君主制に慣れたオリエント（東方）とはちがう歴史と伝統をもつオチデント（西方）を考慮したがゆえの、アウグストゥスが創設した「ローマ独自の皇帝」の形なのである。その「無冠」であるがゆえにかえって「有冠」の王よりも上位であることの意味

を理解できなかったカリグラは、「冠」の有無のちがいに不満しかいだかなかったのであった。

このちがい、カリグラの考えでは不公正、を解消できる方法として彼が考えついたのが、王よりも上位にある神になることであったのだ。それも、ローマ的な多神教の神々の一人になることではない。ギリシアやローマの多神教でも神々の間にはヒエラルキーがあって、最高神ユピテル（ギリシアではゼウス）に海神ネプトゥヌム（ポセイドン）、それにユノー（ヘラ）とミネルヴァ（アテネ）とヴェヌス（アフロディテ）の三女神に、マルス（アレス）とアポロ（アポロン）の二男神が、一級の神々という格づけになっている。死後に神格化されたカエサルもアウグストゥスも、神としての地位ならば、これらの神々の下位になるのは甘受しなければならない。自分には神君アウグストゥスの血が流れているがゆえに神だと考えたカリグラだが、並の神で我慢する気はなかった。といって、一神教の神になろうとしたのではない。カリグラも、ギリシア・ローマ文明の子であったのだ。それで彼が望んだのは、自分と最高神ユピテルの一体化であったのだった。

ギリシアやローマの神々が彫像で表現される場合は、上半身裸体で裸足（はだし）の姿で現わ

される。現実に存在した人物でも神格化された姿で表現したいや、ただ単に死後の作であることを示したい場合は、上半身裸体で裸足か、有名な『プリマポルタのアウグストゥス像』のように、甲冑姿でも裸足の姿で表現される。カリグラは、神格化されてもいずまだ生きているにかかわらず、それを実行したのだ。

上半身裸体で裸足で髪もひげもなにやらゼウスをまねて金色に染めた姿で元老院に現われたカリグラを見て、唖然とした議員たちは声もなかった。別のときには、短衣（トゥニカ）の上にオリエント風に宝石を刺繍したマントをはおった姿で、公衆の前に現われる。ゼウス神の象徴である黄金製の稲妻を手にしてゼウスをまねて登場したときもあったし、ポセイドンをまねて、三叉の鉾をもった姿で現われたこともあった。現代のわれわれならばポップスターやそれをまねる若者たちの奇抜な服装を見慣れているので驚きもしないが、ローマの指導者の理想像は質実剛健であり立居振舞も荘重であることが求められる。元老院議員たちは唖然としたが、一般市民もびっくりはしたのだった。大病で頭まで狂ったのかと、議員たちは思ったのである。

ところがこれが、当初は不評ではなかったのだ。若年層や庶民たちからは、「面白いじゃない」と拍手喝采で迎えられたのだ。カリグラと、若者たちや庶民とは、好みも似ていた。

快楽

カリグラによって解禁された娯楽は、剣闘士試合と戦車競走の二つに代表される。

いずれも、庶民が熱狂する競技であった。

奴隷出身者もいるプロの剣闘士が一対一で闘う剣闘士試合は、エトルリア民族のスポーツであったと言われるが、ローマがエトルリアを覇権下に入れて以後にこの競技も輸入したのである。しばしば一方の死で終るこのスポーツに対するローマ人の態度は、三種に分けることができる。㈠残酷ゆえに嫌悪、㈡残酷よりも剣闘士の技能を味わうゆえに好む、㈢残酷だからこそ好む、である。個人的な好悪には無関係に人心把握の手段、つまり人気取りのための策として活用したカエサルやアウグストゥスのケースは除くとして、㈠の例はティベリウスであり、㈡には知識人のキケロやセネカや小プリニウスが属し、㈢は、ローマの庶民とカリグラであった。

このカリグラの発案で、プロの剣闘士の一対一の試合が、プロに対するに重罪人というアマチュアの取り組みに変ったのである。剣で闘う技能の訓練を積んでいない者が加わると、残酷度はいっそう増す。庶民がこれを熱狂して迎えたのも当然であり、

そのスポンサーはカリグラだった。

戦車競走のほうは、四頭立ての華麗な造りの戦車を御しての競技なので、誰にでもやれるスポーツではない。経済的にも相当な出費を要するだけでなく、四頭の馬をともに御すに必要な高度な技能が求められる。それでローマでは、富裕階級に属し馬をも御すのにも慣れ親しんだ者か、それともチームを組んでの営業かに二分された。現代ならば、フォーミュラ・ワンの試合に近い。

営業が目的の場合は、資金を出すオーナーと戦車や馬の整備をする人々と、戦車を駆って競技に出場する駆者でチームが形成される。チームは四組あり、緑、青、白、赤に色分けされていた。カリグラは「緑」チームの熱烈なファンで、試合終了後に競技場内の馬小屋で開かれる、打ち上げパーティにも出席するのが常だった。優勝したときなどは、駆者に二百万セステルティウスの祝金を贈ったこともある。皇帝でありながら熱烈なファンでもあるというのが、庶民の共感を呼ぶところでもあった。

しかし、"フェラーリ"を所有していれば、自分でもとばしてみたくなる。と言って、若い頃のティベリウスのように、ギリシアのオリンピアで四年ごとに開催される本場へ出向いて技を競う自信はカリグラにはなかった。それで、後代になってキリスト教の本山である聖ピエトロ大寺院が建造されることになるヴァティカーヌス（現ヴ

アティカン）の地に、四頭立ての戦車でも思いきり走らせることのできる私用の競技場を建てさせたのである。テヴェレ河を渡らねば行けない都心部から離れた土地ゆえ、私用の競技場を建設するにも問題はなかった。

戦車競走用の「競技場」と体育競技用の「競技場」とは、四つの角を丸くした長方形の形自体では変りはない。ただし、ギリシア式に一スタディオン（百八十五メートル）と一辺の長さが決まっている「スタディウム」よりは、「チルクス」のほうが断じて長い。つまり大型なのだ。十五万人収容できたという「大競技場」とは比べようがなくても、カリグラの「競技場」も長さ五百メートル、今その地に建つ聖ピエトロ大寺院の後陣から聖ピエトロ広場にまで達する。「チルクス」と「スタディウム」のちがいの第二は、中央部の帯状の地帯の有無にあった。「チルクス」では、戦車がその周囲を何度もまわって競うので、その部分が必要であったのだ。

紀元前三〇年にクレオパトラを破りエジプトを征服したアウグストゥスは、エジプトからオベリスクを運ばせ、「大競技場」の中央にすえている。カリグラも、私用とはいえ「チルクス」を建てるのだから、その中央部の帯状の地帯の端には、オベリスクが立っていなければならないと考えた。途中で切断しないでそのままで運べる大型船を造らせ、エジプトからローマまで運ばせたのである。カリグラのやることはす

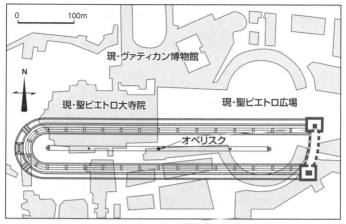

カリグラの競技場

戦車競走（映画「ベン・ハー」より）

べて、金のかかることばかりだった。高さ二十五メートルもあるこのオベリスクは、今では百メートルほど場所が移動し、聖ピエトロ大寺院前の広場の中央にそびえている。

このように、ティベリウスの時代とは一変して各種の娯楽スポーツが盛んに行われるようになったカリグラ時代のローマだが、これが「パンとサーカス」とされて悪評を浴びることになるのである。

しかし「パン」とは、共和政時代からの「小麦法」による貧民救済を目的にした、主食である小麦粉の無料給付システムであって、私ならば社会福祉政策と考える。この制度のおかげで、多数の餓死者が出なかった時代が数百年もつづいたのである。古代ローマの政治は、とくに帝政ローマの政治は、弱者切り捨てではまったくなかった。

それで、ラテン語の「チルクス」が英語になった「サーカス」だが、現代のイタリアでサッカー試合を全廃しようものなら、いかなる政府も、その政府がいかに善政をほどこそうとも、転覆すること必定と確言できる。問題はだから、皇帝がスポンサーになることの是非にしかないのだが、私の考えでは一種のポピュリズムと思うローマの帝政下では、民衆のほうがそれを求めたのである。その証拠に、求めているのに与

えなかったティベリウスは、もしも〝大統領選挙〟を実施したとしたら確実に落選しただろう。ゆえに問題は、「パン」と同じで「サーカス」も、国家財政の許容範囲に留まれるか否か、ではなかったろうか。

しかし、カリグラ時代の前半はまだ、ティベリウスの残してくれた黒字があって、この問題は切実なものにはなっていなかった。ゆえに人々は、カリグラの提供する娯楽を満喫していればよかったのである。満足した人々は、カリグラの行うことのすべてを許したのだった。

カリグラは、少し前に死んだ祖母のアントニアに、アウグストゥスの死後に未亡人のリヴィアに贈られたという前例しかない「アウグスタ」の尊称を贈ると決め、元老院の承認も得て実施した。母の流刑という思春期の彼にとってはむずかしい時期に育ててくれた恩に報いたかったのだろうが、アントニアは、異国の女王クレオパトラと組んでローマに戦いを挑んだマルクス・アントニウスの娘である。アントニウスに勝って唯一の最高権力者になって以後のアウグストゥスは、旧敵の娘であることよりも自分の姉の娘であることのほうを重視し、身内としての待遇を与えてきたのは事実だが、女にとっての「アウグスタ」は、男にとっての「アウグストゥス」と同じ意味を

もつのである。家族の一員としての待遇を与える
のとでは、同一線上では考えられない別のことなのであった。アウグストゥスだった
ら、ここまではやらなかったであろう。ティベリウスだったら、絶対にやらなかった
ことだった。贈りたいから贈るなどという私的な感情で決することではなく、国体に
かかわる問題なのである。「アウグストゥス」を皇帝と意訳するならば、「アウグス
タ」は皇后という訳になるからだった。

いかなることにも、限度というものがある。カリグラには、それが見えなくなって
いたのである。

だが、そのカリグラでも、流刑地で死んだ母のアグリッピーナの名誉回復まではや
っていない。

国家反逆罪の告訴状を焼き捨てることはできても、元老院が下した有罪
判決をくつがえすことまでは不可能であったのだ。非業の死をとげた母と二人の兄に
は、遺灰を「皇帝廟」に葬ることしかできなかった。

二十五歳のカリグラには、しかし、二十二歳のアグリッピーナと二十歳のドゥルシ
ッラと十九歳のユリア・リヴィアの三人の妹がいた。三人とも、晩年のティベリウス
が選んだ名門出の男たちと結婚している。カリグラのやったことは、皇帝である自分
への誓言に、自分の名の後に妹たち三人の名も加えさせたことだった。ローマには、

女には公的な地位を与えないという伝統がある。アウグストゥスも、長年つれそった妻のリヴィアに「アウグスタ」の名を与えたのは、遺言の中である。カリグラは、このローマの伝統を破ったのだ。それまでは最高権力者との近親関係を理由にいかに強大な権力をふるおうとも所詮はプライベートな存在でしかなかった女たちが、カリグラによってパブリックな立場まで享受するようになったのである。エキセントリックな性格の人の内心は、小心者であることが多い。小心者は、他者の中に味方を開拓するよりも、味方とはっきりしている者で自分の周囲を固めたがる。そしてこのような性格の人にとっての味方は、血縁者であることが特徴だ。妹たちを厚遇したカリグラは、妻になった女たちに対しては実に冷淡であった。

カリグラは、二十一歳から二十七歳までの六年間に四人の女と結婚している。一人には死なれ、二人は離婚し、二十八歳で迎えることになる死をともにしたのは、四人目の妻のカエソニアだった。カリグラの生涯に母や妹の影は映っても、妻たちの影は映らないのである。

皇帝の横顔が彫られるのが普通の通貨に登場するほどの待遇を与えられ、皇帝の妻たちよりもローマの〝ファースト・レディ〟であったカリグラの三人の妹たちを、性格別に分けると次のようになる。

勝ち気な美人で頭も良く、野心家のアグリッピーナ。古典的な美貌で、優しく繊細な性格のドゥルシッラ。地味で影の薄いユリア・リヴィア。五歳年上の兄の愛情を一身に受けていたのは、この三人のうちではドゥルシッラだった。

自分は神だ、と思っているカリグラである。兄が妹を愛するのも、人間世界であるローマでは許されなくても、神の世界では許されると思っていたのかもしれない。神を体現するとされるエジプトの王家では、クレオパトラとその弟のように、姉と弟や兄と妹の間の結婚は通常のことであったからだった。

そのドゥルシッラが、紀元三八年の初夏に死んだのである。二十一歳の死は誰であろうといたましいが、カリグラにとっては痛烈な打撃であったようである。すべてを放り出した皇帝は、少数の護衛兵だけを従え、馬を駆って首都を出た。葬式にも出席しなかった。行き先がなぜシチリアであったのかはわからない。夢中で馬に鞭をくれているうちに自然と南へ南へと向い、気がついたらシチリアに着いていたということかもしれない。だが、生れてはじめて眼にするメッシーナ海峡と、その先に浮ぶ島のシチリアは、カリグラが落ちつきを取りもどすには役立ったようである。ただし、取りもどしたのは落ちつきだけで、ドゥルシッラの死は、カリグラを少しも変えなかった。ローマにもどったカリグラがやったことは、ドゥルシッラの神格化であったのだ。

それまで死後に神格化されるという栄誉を与えられたのは、カエサルとアウグストゥスの二人のみであったのが、二十一歳の若き女人が加わることになった。

このカリグラを、市民たちがどのように眺めていたのかを示す史料は存在しない。タキトゥス著の『年代記』中でもカリグラの巻だけは、中世を経るうちに丸ごと消滅してしまったからである。だが、他の史家たちの記述から確かなことを拾ってみるだけでも、一般市民の反応が一変したようには思えないのである。市民の人気を失うことを何よりも怖れたカリグラは、即位当初とまったく変らず、剣闘士試合や戦車競走を、自分でもスポンサーになり、それらの娯楽の提供を他の有力者たちにも強いたからだった。

またカリグラは、公共事業、それも今日で言うインフラストラクチャー整備に関係ある建設事業が、一般市民の好意を獲得するうえで、娯楽スポーツの提供と同じくらいに効果があることも知っていた。

カリグラは、すでに七本の水道が水を供給している首都ローマに、新たな水道を建設することを公表する。世界の首都になって半世紀、人口も増加していた。また、豊富な水の供給は、疫病発生の防止策でもあったのだ。しかし、この水道建設計画は、

すでにある他の水道と比べても、実に野心的な土木事業になる。なにしろ、水源地か
らローマまでの間の全長七十キロのうち、十キロ以上もの区間が高架水道になるから
である。工事は紀元三八年に着工され五二年になって完成するが、完成時の皇帝の名
をとって「アックア・クラウディア」（クラウディウス水道）と呼ばれることになる

この水道と、同じくカリグラによって着工された「アニオ・ノヴス」まで加えると、
計九本の水道によってローマの住民一人につき、一日に九百リットルの水の供給でき
るようになったという。ちなみに、二千年後の今日のローマの住人への水の供給量は、
この二分の一か、悪くすると三分の一でしかない。

カリグラはまた、食糧の自給自足路線を捨てて久しい本国イタリアに「食」を保証
することが、一般市民からの支持の確保には実に重要な要素であることを知っていた。
しかし、ティベリウスの任命による“水道庁長官”も有能な人物だったが、これまた
ティベリウスが任命して以来つづいている“食糧庁長官”も有能であったので、小麦
の不足や値の高騰（こうとう）への不満の声は起こっていない。それでも何かやりたかったカリグ
ラは、シチリアへ行ったときに気づいたことを実施した。それは、生産地のエジプト
からローマに運ばれる際に通らざるをえないメッシーナ海峡ぞいに、避難港を建設す
ることである。イタリア半島とシチリア島をへだてるメッシーナ海峡は、潮流の激し

けられるようにというのが、この工事の目的であった。

さも手伝って難所と言われていた。小麦を満載した船が嵐に遭遇しても容易に難を避

インフラストラクチャーの充実を目的としたこの種の公共事業は、ローマ人がその
重要さを理解していたこともあり、また新しく雇用を産み出すがゆえに景気を良くす
る効果もあったので、市民たちからは好評で迎えられたのである。だが、“インフラ
整備”とは長期にわたって行われるのが常なので、着工時と完工時以外は、皇帝には
出番もない地味な仕事の連続になる。つまり、話題性にとぼしいのである。これが、
カリグラには不満だった。

そのようなときの紀元三八年十月、首都ローマで火災が発生した。このときの被災
地がローマのどこであったのかは、史料は明かしてくれていない。いずれにしても当
時のローマで火災が珍しくなかったのは、壁や柱は石造りでも、天井と屋根は軽くす
る必要から木材を使うのが普通であった、ローマ建築のウィーク・ポイントに原因が
あったのである。

火災を知ったカリグラが、勇んで消火活動の陣頭指揮をとったのは言うまでもない。
二十六歳では、体力もあった。

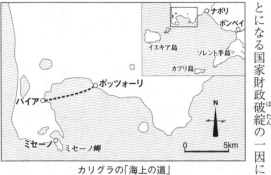

カリグラの「海上の道」

しかも、これを機にカリグラの発案で、火災による被害は全額国家が補償する、と決まったのである。もちろん、市民は大歓迎だ。とはいえこれも、まもなく訪れることになる国家財政破綻の一因になるのである。だが、カリグラの人気取り政策の特徴は、前代未聞のことをやって人々をあっと言わせたい、と望んだところにあった。

ナポリから東に向えばポンペイだが、西に向えば、商港ポッツォーリからはじまって軍港ミセーノに至る、ローマの上流階級のヴィラが軒を連ねる海辺がつづく。気候温暖で温泉もわき、景観もすばらしいこともあって、この一帯に海辺のヴィラをもつことは、ローマの上流階級に属す証明のように思われていた。商港であるためにポッツォーリの近辺は常に活気に満ちていたが、湾をはさんでそのポッツォーリと相対するバイアは、一変して優雅な高級別荘地帯になっている。カリグラは、このポッツォーリと

バイアを結んだ海上を馬で横断すると宣言したのだった。

距離は、現代の数字に直せば五・四キロ。これをカリグラは、徴用した多量の船を横に並べてつなぎ、帆柱を中にその左右に板を張り渡し、その上を土で舗装して平坦（へいたん）な道路に変えさせたのである。

当日、皇帝の布告を見て集まった人々で、ポッツォーリとバイアの船着場はいずれも満員の盛況。見物人の乗りこんだ小舟で、周辺の海までが埋まった。

船をつなげて作った海上五キロの道を、カリグラは往復したのである。それも、頭上には緑もあざやかな樫（かし）の葉でできた「市民冠」、パクス・ロマーナを達成したアウグストゥスが最も好んだことで知られ、軍隊では同僚を助けた兵に贈られる最高の賞である「市民冠」をかぶり、黄金の刺繍（ししゅう）入りのマントをはおり、騎兵のもつ円い小型の盾は左手に、右手だけで馬を御す。行きはまず、ローマの騎兵スタイルである。

帰りの演出もまた、見る人々を驚嘆させずにはおかなかった。エジプトから取り寄せた、アレクサンダー大王のものであったという黄金製の甲冑（かっちゅう）を身にまとう。乗るのは、馬ではなくて二頭立ての戦車。しかも、大王が破ったペルシアのダリウスの子孫というわけで、人質としてパルティア王家から送られてきた王子にも戦車で先行させ、アレクサンダーに扮（ふん）したカリグラがその後を戦車で追うという凝った演出であ

る。もちろんのことだが、行きも帰りも、海上を行くカリグラの後には、緋色のマントを海風になびかせながら馬を駆る、カリグラの遊び仲間の若者たちや近衛軍団の騎兵の一隊がつづいたのであった。そしてそれを、観衆のあげる大歓声が追った。終ってみれば、話題以外は何も残らない〝バブル〟ではあった。だが、実際に見た人も、見はしなくても話に聴いた人も、自分たちの皇帝の若さとローマ帝国の繁栄を象徴する華麗な花火にでも感嘆するかのように、長く格好の話の種にしつづけたのである。これが、カリグラの狙いであった。莫大な出費を要したが、この狙いならば完全に達成された。

　無冠でも有冠の王たちの上位に位するのが自分なのだということを示したい想いと、常に人々の話題の的でありたいという想いとが重なって、前代未聞なことへのカリグラの関心はこれで収まりはしなかった。

　ローマ時代の史家たちは、三段櫓が普通であった時代に十段もの櫓でこぐ大型船を建造させたと書いている。帆は陽光の当り方によって色の変化する絹のあや織りで張られ、船内には浴室もサロンも寝室も完備し、甲板上は回廊造り。緑豊かな樹や果実をたわわにつけた樹が植えられ、その間で宴を愉しむ豪勢さであったという。

カリグラ

カリグラの時代から一千四百年が過ぎたイタリア・ルネサンス時代、万能の天才としてはレオナルド・ダ・ヴィンチの先達といわれたレオン・バッティスタ・アルベルティが、長い中世の間ずっと伝説でありつづけたことの真相を極めようと考えた。それは、ローマからアッピア街道を三十キロ南に下ったところにある、ネミの湖に沈むローマ船の探索である。だがこのときは、潜水方法の未発達もあって失敗した。十八世紀にもう一度試みられたが、そのときも失敗に終っている。二十世紀になって、大々的な探索が再開された。考古学全盛の時代でもあり、干された湖からは、一千九百年も経っているにかかわらず、二隻もの船が姿を現わしたのである。いずれも、航行よりも浮べることが目的であったことを示して、船底は極端に平坦にできている。

一隻は、六十七メートル×二十メートル、二隻目はより大型で、七十一メートル×二十一メートル。床張り用であったと思われる各種の色の大理石片やモザイクや彫像、それに、ブロンズ製の船具から調理用の器具までが数多く発見された。

イタリアのファシスト政府は、これらの収容のためだけの博物館を建てたのである。

だが、第二次大戦の戦火で、実に残念にも船体は焼失してしまった。　焼けなかった大理石やモザイクやブロンズ製品などが、今に遺るだけである。

この二隻がカリグラが造らせたものであることを確実に証明する史料は、今のところは存在しない。だが、カリグラの先にも後にも、前代未聞のことをやってのけた皇帝たちには不足しなかったローマだが、そのほとんどすべては公共の用を満たす目的で建造されている。私用で、しかも気まぐれの産物としか思えない浪費は、カリグラの得意とするところであった。

それにしても、二千年後の現代でも樹々の緑が湖面に影を落とす静かで小ぶりのネミ湖に、船というよりは別荘という感じの屋形船を浮べ、それが静かに湖面をすべる上で催される宴は、無上の快楽ではあったろう。カリグラは、このアイデアを何から思いついたのか。ローマ市内を流れるテヴェレ河に浮ぶ中の島は、その当時から船の形に造られていた。それとも、幼年時代のカリグラが父のゲルマニクスに連れられて訪問したエジプトで体験した、女王クレオパトラの遺産でもあった華麗なナイル河の周遊船でもあったろうか。

ネミ湖で発見された二隻のローマ船は、焼失以前の研究で、焼かれたのでもなく破

壊で沈没したのでもなく、故意に沈没させられたということがわかっている。カリグ
ラ殺害の直後に彼に関係あるすべては廃棄させられたので、豪華な湖上の屋形船もそのと
きに沈没させられたのかもしれない。カリグラ以後のどの皇帝にも、これを使って愉
しんだという史実はないのである。

金策

　カリグラが即位してから三年も過ぎないうちに、皇帝の私有財産はもちろんのこと、
国家の財政の破綻までが明らかになった。ティベリウスが遺した二億七千万セステル
ティウスもの黒字分は、種々の娯楽スポーツの提供で、とうの昔に使い果していた。
その後はやりくりして穴を埋めていたのだが、それも治世が三年目に近づく頃ともな
ると、やりくりの手段もつきてしまったのである。だがカリグラには、これまでのや
り方を一変させることなどできなかった。

　まず第一に、浪費とは、それが何であろうとエスカレートする宿命をもつ。第二に、
一般の市民たちが、カリグラの大盤振舞に慣れてしまっていた。そしてカリグラのほ
うも、「金（カネ）の切れ目が縁の切れ目」になるのが怖（おそろ）しかったのである。金策が最重要関

心事になった二十六歳のカリグラだが、自分の支持基盤は元老院にはなく、一般市民にあることは理解していた。だからこそ、金が必要であったのだが。

支出を引き締めることができない以上、収入を増やすしか、財政破綻から脱け出す道はない。

帝国全体の経済力ならば、繁栄の一語につきた。七十年もつづく平和とその間に成された帝国全域をおおう〝インフラ整備〟と、これだけは共和政時代からのローマの伝統である、各民族各都市に大幅な自治権を与えるとした統治の原則が、もしも統計があったら必ずや〝右肩上がり〟を示したにちがいないと思われる、経済力の向上になってあらわれていたからである。

税収は、自然増収にまかせているだけでも増えていたはずなのだ。だが、一パーセントにしろ経済の成長を最も正直に反映する売上げ税を、カリグラは廃税にしてしまっていた。

一〇パーセントの属州税の増税は、さすがのカリグラも考えなかったようである。いかに被支配者である属州民に課す税でも、増税となれば属州民でも蜂起（ほうき）する。直接税は一〇パーセントが不文律というのが、専制君主国でも自治を認められている「自由都市」でも区別なく、古代では常識であったのだ。それに、暴動でも起きようもの

なら鎮圧のために軍団を派遣せねばならず、出費の増大になるだけであった。

放漫財政は維持しながらも財政の健全化は急務、という難問の解決を迫られた人が、困り果てたあげくに姑息な手段に訴えがちであるのはしばしば見られる現象である。それに、貧乏になってしまったのはカリグラだけで、他は裕福か、裕福とまではいかなくても貧乏ではなかったのだ。ほんとうの貧乏人には、カリグラはいっさい手をふれないどころか、貧民救済の小麦無料給付は従来どおり続行されていた。

それで、カリグラの考えた金策の数々を追っても、悲惨な感じは少しもなく、苦笑しか浮んでこないのである。それにしてもカリグラは、この面でもなかなかのアイデアマンであった。

皇帝一家の家具調度類や宝飾品から使用人の奴隷までを、競売に出すことにしたのである。だが、競売は、首都のローマではなく、属州ガリア全体の首都格の都市になっていたリヨンで行うことにした。なぜローマでなくリヨンで、の問いに対する答えは、私の想像では三点にしぼられるのではないかと思う。

第一に、ローマでやるのでは、やはりみっともなくなかったこと。

第二は、カリグラの考えが、可能なかぎり高く売ることにあったので、そうなれば、家具調度の類（たぐい）でも宝飾品でも奴隷でも、実体価格で売ったのではタカがしれていたからだ。アウグストゥスでもティベリウスでもカリグラ自身でも、そして皇帝一族の女たちでも、当時の上流階級はもちろんのこと、解放奴隷上がりの新興成金に比べてさえ、特別に豪華な品を所有していたわけではなかったのである。それゆえ、より高く売ろうと思えば、アウグストゥスの使っていた寝台とか、リヴィアが愛用していた宝飾品とか、生れたときから皇帝一家の奉公人であった奴隷とか、現代風に言えば、付加価値なるものを活用するしかなかった。

そうなると、皇帝一家を見慣れている首都のローマ人を相手にするよりも、遠く離れているために敬意も憧れもより強い属州民相手に売るほうが効果が見込めたのである。

第三、とはいえ、いかに皇帝一家への敬意や憧れが強かろうと、金（かね）の無い人々では買いたくても買えない。わざわざローマからリヨンまでアルプスを越えて運ぶ以上、運送費用をプラスしてもなお高く売れる人々が相手でなければならなかった。付加価値づきで高く買える人々が、存在は、ガリア中から人々が馳（は）せ参じたという。競売に

したという証拠である。

それにしても、アウグストゥスの使っていた寝台に横になって、裕福な属州民は何を考えたのであろうか。なぜなら、カリグラの直面していた金欠状態は、この程度の金策ではとうてい解消できなかったからである。

属州民までも加えた帝国全体の経済力が、向上していたという証（あか）しでもあった。

属州民にのみ課される収益の一〇パーセントに当る属州税の増税は考えなかったカリグラだが、その属州税の税収減につながりそうな道は徹底して閉ざしたのである。

つまり、属州民のローマ市民権取得を、事実上は許可しなくなったということだった。ローマ市民になれば、属州税を払う義務はなくなるからである。

属州民のローマ市民権取得は、すでに市民権を所有している者の息子にのみ許される、と決めた。それまでは、カエサルもアウグストゥスも、属州民でもいったんローマ市民権を取得すれば、それは家族親族にも適用され、しかも子孫代々にわたるまでの世襲の権利と認めていたのである。それが、直系の息子以外の者には不許可となったのだから、それに不満な属州出身のローマ市民は、カエサルやアウグストゥスが与えた「ディプロマ」（証明書）を持ち出してきて抗議した。だがカリグラは、そんな

古い証書は無効だと言って受けつけなかった。

それでもカリグラが、直系の息子ならばローマ市民権取得を認めるとしたのは、いかに彼でも、属州税の増収よりもローマ軍の兵力確保のほうが、優先せざるをえないことを知っていたからである。属州民でも「補助兵アウジリアリス」として二十五年の兵役を務めあげればローマ市民権を取得でき、その息子はすでにローマ市民権をもつがゆえに、ローマ市民権の所有が条件の「軍団兵レジョナリス」に志願できる。ローマはこうして、志願制を堅持しながら兵力の確保を達成していたのである。カリグラとて、これまで無視することは許されなかった。

それでもなお、金欠状態は改善されなかったのである。支出を引き締めなかったのだから、当然の帰結ではあったのだが。それでカリグラは、新税を考えついた。ただし、税制の基本体系は神君アウグストゥスの築きあげたものだから、それを壊すことなどはできない。カリグラにできたことは、ほんの少しの手直しにすぎなかった。

ローマでは、民事裁判で争われる金額の四十分の一、つまり二・五パーセントを、裁判がはじまった段階で国庫に納めると決まっていた。ただし、裁判の続行途中で告訴をとり下げた場合は、納める義務はないとも決まっていたのである。カリグラはそ

れを、裁判の帰結に関係なく納めると改めたのだった。

また、市内で売られる燃料にも、それがどの程度であったのかは史料は明らかにしてくれていないが、一定の税金を課すことに決めた。

これも税率は不明なのだが、売春業者にも娼婦にも、稼ぎの何パーセントかの税を課すと決める。荷運び人夫にさえも、一日の稼ぎの八分の一の税を課したという。

カリグラの金策の種々相を、スヴェトニウスなどは面白おかしく列記しているが、その大部分は、例によって噂に尾ひれがついて広まったのを、百年近くも後になってスヴェトニウスが拾い集めたたぐいにちがいない。その多くは信じがたいが、遺言書にまで介入したというのは、ローマの実情を考えれば意外と現実的な金策ではあった。

ローマ人の間では、遺産の相続人に、日頃敬意を払う他人を指名する例が多かった。そうであったからこそ、六親等までの親族は相続税の控除対象になるとしたアウグストゥス発案の相続税も、税収を見込める税としての意味があったのだ。これをカリグラは、遺産の相続人に彼の名も加えることを強制したのである。相続する遺産とは、現金であるよりも、不動産等の資産から奴隷や剣闘士のような「生きている資産」もふくまれる。もちろんカリグラは、相続したとたんにそれらを競売に付し、現金化するのを忘れなかった。アウグストゥスの法では、六親等以外の者が相続する場合は五

パーセントの相続税を国庫に納めると決まっていたが、カリグラがそれを納めたのかどうかは不明である。

しかし、問題は別のところにあった。アウグストゥスが新設した相続税とは、ローマ市民権所有者のみに課される税金なのである。カリグラがそれに手をつけたということは、ローマ市民のふところにも手を突っこんだということになるのだった。

燃料に課された税も荷運び人夫から徴収する税も、また売春業者や娼婦たちにまで課された税金も、この人々がローマ市民権所有者でない場合が圧倒的に多かったために、被支配者に課された税と受けとられ、支配者であるローマ市民からの不満は起きなかったのである。反対に、相続税に手をつけることは、支配者と任じているローマ市民権所有者を直撃することになった。

法の民であるローマ人には、私有財産への徹底した尊重の精神が強く、富の有無にかかわらず、たとえ寝台一つにしても、遺産相続を明記する習慣が定着していたのである。ゆえにカリグラのやったことは、私有財産権の侵害と受けとられたのであった。

そしてカリグラは、これよりもさらに重要なことを忘れていた。

人間とは、自分のふところが痛まないかぎり国家や個人の提供する見世物や娯楽ス

ポーツを喜んで受け入れ、それを提供した人への支持を惜しまないが、いったん自分のふところの痛手になるとわかるやいなや、それまでの支持を一変させてしまうという現実を忘れていたのである。少しずつにしても、即位と同時に巻き起こった熱狂的なカリグラへの市民たちの支持が冷めはじめた。そして、それに耐えることは、カリグラにはできなかった。

ガリアへ

　皇帝に就任してから二年半が経った紀元三九年の秋、二十七歳のカリグラは突然にガリアに発った。そのときから紀元四〇年の夏の帰都までの七ヵ月間、カリグラが何をしたのかのおおよそのことは古代の史家たちも書き残しているが、なぜそれをしたのかまでは、関心がなかったのか書いてくれていない。また、後代の研究も推測の域を出ない。すべてを持っていたカリグラに欠けていたものは軍事上の栄誉だけであったから、それを得たいと考えたのではないだろうか、と研究者たちは言う。そうかもしれない、と私も思う。人は何かをする場合、自分に欠けているものをおぎなう目的でするのが普通なのだから。それにカリグラは、ローマ市民中の「第一人者」と呼び

かけられるのが好きではなかった。だが「皇帝（インペラトール）」とは、戦闘に勝った司令官に、賞讃をこめて兵士たちが呼びかける尊称である。カエサルは当然のことながら、アウグストゥスもティベリウスも「インペラトール」であったのに、カリグラだけがそうではなかった。もしもカリグラが名実ともに「皇帝（インペラトール）」になりたいと欲していたのならば、即位直後の熱狂的な支持を受けていた時期に決行していたほうが成功率も高かったはずである。だがその時期は、連日連夜のお祭り騒ぎで過ぎてしまっていた。

即位から二年半が過ぎた時期のカリグラに欠けていたものは、軍事上の栄誉以外に、いやそれ以上に切実な欠乏は、「金（マネー）」ではなかったかと私は想像する。

当時のローマは、最強の軍事力をもっていた。主力である十五万の軍団兵（レジョナリス）と同程度の数の補助兵（アウジリアリス）をもつローマに対し、個々の戦闘では勝利を得ることは不可能ではなくても戦争では負けると、東方の大国パルティアでさえ信じていたほどである。そして、この軍勢の動向を決める権限は、最高司令官のカリグラにあった。

しかし、総計三十万の軍勢は、「パクス・ロマーナ」を守るに必要な防衛戦力であるというのがアウグストゥスの政略であり、帝国ローマの境界のこれ以上の拡大を禁じたのもアウグストゥスの遺訓なのだから、それに反することはカリグラにはできな

いと人は言うだろう。

だが、防衛線とは、そこに張りついたままで襲ってくる敵を撃退するだけでは維持できない。まずは襲ってきた敵を撃退し、さらに逃げる敵を追って敵地に攻め入り、敵地内で敵方に打撃を与えてから防衛線にもどってきて従来の防衛システムを再開するのでないと、「防衛」としても成就できたことにはならないのである。

ティベリウスは、ライン河の西岸に連なるローマ軍の軍団基地を、アウグストゥス時代の冬営だけを目的にした基地から、帝国の防衛システムの基盤を成す恒常的な基地に変えた。だがそれも、ライン河の東岸に住むゲルマン民族に、ローマ軍はもはやライン河を越えては来ないと思わせるためではなかった。それどころか、ライン以西への侵略の気配でも見せようものなら、ローマ軍団はライン河の渡河も辞さないという、ゲルマン民族に対する意志の表示であったのだ。ということは、ティベリウスがゲルマニアの地からの撤退を決行した年から二十年以上もの歳月、抑止的な軍事力の行使にしろローマ軍団はしばしばライン河を越えていたということである。

また、ライン河を帝国の防衛線とするとしたこと自体が、カリグラの時代にはまだ既成概念として定着していなかった。エルベ河までのゲルマニアの地の制覇を死ぬまで夢見ていたアウグストゥスは、帝国の領域のこれ以上の拡大を禁ずる遺訓は残した

が、それがライン河までか、それともエルベ河までを意味したのかについては明記し
ていない。それに、カリグラの時代からは十年も後に生れる歴史家タキトゥスですら、
エルベまでのゲルマニアの地の征服はゲルマニクスにまかせておいたならば成功して
いたであろうに、それが成らなかったのはゲルマニクスの軍事上の成功にティベリウ
スが嫉妬したからだと思いこんでいたのである。ゲルマニクスとは、「ゲルマニアを
制した者」という意味の綽名であり、カリグラはこのゲルマニクスの息子であった。

紀元三九年当時のカリグラが、ゲルマニア制覇を考えたとしても不思議ではなかった
のだ。父の偉業を完成にもっていくことができれば、それ以上の軍事上の栄誉はない
のだし、また、戦利品やゲルマニアを属州化することで入ってくる属州税は、当時の
カリグラが直面していた金欠状態を、一挙に解決してくれるにちがいなかったからで
ある。

ガリアに入って以後のカリグラは、リヨンでの滞在もそこにライン河の前線を
訪問している。だが、どのような事情によるのか、もしかしたら、ティベリウスが任
命して以後変っていない軍団長たちの忠告を聴き容れたのか、八個軍団と補助隊を合
わせて十万近くにもなる兵力を動かせる立場にありながら、首都の市民たちならば歓

声をあげて支持したにちがいないゲルマニアの地への進攻はやらないで終った。だが、ちょっとした軍事行動はやった。現代でもしばしば敵の鼻先で大々的な軍事演習をくり広げることがあるが、紀元三九年の十月にカリグラが行ったのもそのたぐいである。最高司令官でもあるカリグラは、山野を埋めた兵士たちを前にして、「諸君の力と士気は、敵と向い合ったときのために温存しておいてもらいたい」という言葉で最後をしめくくった演説を行った。

ゲルマニアの地への進攻はあきらめざるをえなかったカリグラは、次の候補地としてブリタニアに眼を向ける。ブリタニア進攻は、ユリウス・カエサルがはじめて以来百年近くもの間放置されたままだった。ブリタニア進攻は、ユリウス・カエサルがはじめて以来百年近くもの間放置されたままだった。放置されたままであったのは、放置しておいてもローマにとって不都合は起こらなかったからである。アウグストゥスもティベリウスも、ドーヴァー海峡に近い、ということはガリアに近いということだが、現代のケント地方に住む諸部族との友好関係だけで満足していたのだった。

カリグラの考えたブリタニア進攻に、理由がなかったわけではない。ブリタニアの有力な部族内の主導権争いに敗れた幾人かがガリアに逃げてきて、ローマの軍事介入を乞うたということはあった。だがこれも、攻められたから攻め返すという、ローマ

伝統の戦いの概念にあてはまるほどのものではない。言ってみれば、カリグラのブリタニア進攻は、さしたる根拠もない思いつきにすぎなかったのである。

しかし、皇帝の思いつきにしろ、その実現には多くの障害があった。まず第一に、進攻に必要な軍勢をどこからもってくるかという問題がある。ガリアには、リヨン駐屯の一千程度の兵しか置いていない。ライン河から移動させるにしても、前線を空にするわけにはいかない。八個軍団中の二個軍団が、移動可能な兵力の限度であった。イベリア半島には三個軍団が駐屯していたが、こちらのほうも、一個軍団が移動可能な兵力の限度である。結局、二個軍団にあたる数の兵士の志願を募ることになった。これでまた、戦費捻出（ねんしゅつ）という、カリグラにとっては最も頭の痛い問題がより切実化することになった。

ローマ軍には、精神力とか士気とかの不確定要素よりもまず先に、兵士の数や武器や兵糧等の確定要素を準備してから戦争をはじめるという伝統がある。ローマ軍は兵站（ロジスティクス）で勝つと言われたほどで、補給線の確保は司令官にとっての最重要な任務とされていた。ということは、戦争をはじめるには実に多大な費用を要する現実に、誰よりも先に直面するのが司令官になる。勝った後の戦利品と属州化した後の属州税の収益を見込んでブリタニアに眼を向けたカリグラだが、こうなってはこれもあきらめ

ざるをえなかったのであった。

リグラ自身でもあったのだが。

それでもこのままで引き退るのは不満であったのか、ドーヴァー海峡を前にしての軍勢のデモンストレーションは実行している。これは、拾わせたのではなく、閲兵式のためだけとスヴェトニウスは書いているが、兵士たちには砂浜に散る貝を拾わせたに北部ガリアくんだりまで連れて来られた兵士たちが、することが何もないままにかたなく貝でも拾ったのにちがいない。カリグラのやったことは、砂浜に整列した軍勢の閲兵と、岬の先端に灯台を建てたことだけであった。

　二ヵ月後の紀元四〇年五月末には、カリグラはローマにもどっている。だが、「ポメリウム」と通称された都心部には入らず、八月三十一日に行われると決まった凱旋式までの期間を近郊で過ごした。凱旋将軍は凱旋式までは都心には入らないという、ローマ古来の慣習を守ったのである。だが、凱旋式とは言っても、四頭の白馬の引く戦車を御す式のものではなく、「オヴァティオ」と呼ばれ、略式凱旋式と訳すしかない、騎馬姿で臨む凱旋式である。カリグラの求めるがままを議決するようになっていた元老院だが、軍事演習や閲兵式をやっただけの人に、正式な凱旋式までは許可する

ことはできなかったのだ。それでもカリグラは、満足であったようである。略式なのに、わざわざ二十八歳の誕生日に合わせて挙行している。略式であろうと、凱旋式に参加した兵士たちからの「インペラトール」という呼称だけは、受けることができたのだから。そして、これを済ませて以後のカリグラの関心は、手っとり早い金策のみに集中することになった。七ヵ月間にわたった属州巡行は、金欠状態のさらなる悪化という成果をもたらしただけであったからである。

手っとり早い金策とは、裕福な人々からとりあげることであった。裕福な人々とは、イコール元老院階級であったのだ。そして、それに用いることのできる武器とは、「国家反逆罪法」しかなかった。ティベリウスの死で終わりを告げたはずの、元老院にとっての恐怖時代の再開である。カリグラ暗殺の陰謀をめぐらせたという理由で、妹二人は流刑、死んだ妹ドゥルシッラの元夫のレピドゥスと高地ゲルマニア軍団の司令官ゲトゥリクスは、自殺を強いられた。即位直後の熱狂的歓迎は薄れはしても表面的には協調関係を維持してきたカリグラと元老院は、ここにきて完全な対決関係に変ったのである。そして、自分たちとは無縁の金持階級が打撃をこうむるのは歓迎するはずの一般庶民でさえ、元老院階級に同情するようになっていた。人間は、与えられすぎると飽きるものなのだ。一般市民も、カリグラに飽きはじめていたのである。

金策にも行きづまり、市民の熱も醒めつつあることに気づいたのか、カリグラは帝国の東方一帯の視察に出向くことを考える。オリエントは豊かさで知られていたし、ゲルマニクスの息子であるカリグラの即位を熱狂して迎えたのは、西方よりも東方であった。東方でなら、金策も容易と考えたのかもしれない。

だが、そのカリグラの前に、彼の神経をいら立たせる問題が現われたのである。とはいえこれも、もともとは彼自身の言動の「ブーメラン」ではあったのだが。

ローマ人とユダヤ人

古代ローマにおけるローマとユダヤの問題についての考察は、近現代ではとくに、ユダヤ側に立ってなされるものが多い。それを一言で要約すれば、自由を尊重するユダヤ民族が支配者ローマに対して執拗に反抗した歴史、ということになる。だが、この仮説を採るならば、ユダヤ民族以外の他の民族は、なぜ支配者ローマに対して執拗に反抗しなかったのか、の問いに答えを与える必要がある。なぜ、ギリシア人やガリア人やスペイン人やブリタニア人やオリエントの諸民族は、反抗はしなかったわけで

的な時代に生きながら守り抜こうとすれば、それも弱者の立場にありながら守り抜こ

は、認めてはならないということであるからだ。そして、この考え方を多神教が支配

一神教である以上、その神は非寛容な神にならざるをえない。ユダヤ教の神以外の神

の第一として、「あなたはわたしの他に、何ものをも神としてはならない」とある。

ての憲法であるモーゼの「十戒」は、その冒頭に、ユダヤ人が犯してはならないこと

彼らの宗教であるユダヤ教が、それを許さなかったからである。ユダヤ民族にとっ

化にかぎらず、他民族との同化も拒絶していたのがユダヤ民族であったのだ。なぜか。

民族であったユダヤ人だけが、同化することを拒否したのである。勝者ローマとの同

も言ったように、「敗者でさえも自分たちと同化する」ところにあった。敗者側の一

ローマ人の支配の基本精神は、帝政ローマ時代に生きたギリシア人のプルタルコス

が、同じものでなかったのか。

それとも、ローマ人もふくめた前者の考える「自由」とユダヤ人の考える「自由」

前者には、自由を尊重する想いが弱く、後者には強かったのか。

はないがそれは執拗ではなかったのに、なぜユダヤ人だけが執拗に反抗したのか、に

答えを与えないかぎりこの仮説は成立しえない。

うとすれば、われわれユダヤ民族は他の民族とちがい、神から選ばれた民族であると
いう選民思想が、唯一の拠りどころになるのは当然の帰結である。ユダヤ民族のこの
生き方は、彼らがバビロニアやエジプトで捕囚となり奴隷の身であった時代は、救世
主待望の想いとともに、悲惨な現世を生きのびる糧になっていただろう。だが、ユダ
ヤ人は、パレスティーナの地にもどってきて以後もこの生き方を変えなかった。いや、
古代のユダヤ人にはギリシア民族に次ぐと思えるほどに離散傾向が強く、ちょっとし
た都市ならば必ずユダヤ人のコミュニティーがあったくらいだが、同じ都市の住人で
ありながら、ユダヤ人だけは他の居住者と同化しなかったのである。交流もしなかっ
た、というのではない。都市に居住するユダヤ人には金融や通商を業とする者が多か
ったから、この面での交流は盛んであったし、彼ら自身が有能だった。ただし、それ
以上の交流には、つまり同化や融合には進まなかった。なぜなら、他民族には別の神
がいる。その神まで認めていては多神教になり、ユダヤ人の信ずる一神教との共存は
不可能であったからである。だが、アレクサンダー大王以来のオリエントの支配者ギ
リシア人も、そしてその後を継いだローマ人も、他民族の神も認めるところに特色を
もつ、多神教の民族であったのだ。
多神教の世界であった古代では異種というしかなかったこのユダヤ民族が、山間の

ユダヤとその周辺

僻地で羊でも飼いながら孤立して生きているのであったら問題にはならなかったのだが、彼らには都市居住の欲求が根強かった。富は、都市にあったからである。

法律というものに対する考え方でも、ローマ人とユダヤ人はちがった。

ユダヤ人にとっての「法」とは、モーゼの十戒のように、神が与えたものを人間が守るのが法なのである。実際はモーゼが岩陰かどこかで石片に彫りつけたものを人々の前に示し、神の意志ゆえ守らねばならぬと言わないと納得してもらえなかったからだろうが、神が与えたものとなった以上、人間ごときが変えてはならないのである。

一方、ローマ人の考える「法」とは、人間が考え、それを法律にするかどうかも、元老院や市民集会という場で人間が決めるものなのだ。ゆえに、現実に適合しなくなれば、改めるのに不都合はまったくない。

ローマにも、神のお告げではなく人間たちが作ったものだが、「十戒」に似ていないでもない法律があった。紀元前四四九年に発表された「十二表法」である。名の示すごとく、十二項目から成り立っている。だが、この「十二表法」が有名無実になるのに、ローマでは二百年も必要としなかった。現実に適合するように改めていくうちに、もとの法がどうであったのかさえもわからなくなってしまったのである。

ローマ人は人間に法律を合わせ、ユダヤ人は法律に人間を合わせる、と言い換えてもよいかもしれない。しかし、ユダヤ人の「法」はユダヤ人の間でしか通用しなかったが、ローマ人の「法」は、古代ではローマ帝国全域で通用し、その後でも、法に対する考え方としてならば現代に至るまで生きつづけている。なぜならば、ローマ人の

考える「法」は、宗教ではなく、あくまでも法律であったからだ。それゆえにこそ、

信ずる宗教がちがう人々の間でも、そして時代を越えてまで、適用可能な基本思想を

創造しえたのである。これを、後世は、「ローマ法の精神」と名づけることになる。

ローマが帝国内に住む異民族をローマ人と同化させる上でとった具体策は、ローマ

市民権を与えることであったが、属州税免除という現実上の利益がありながらローマ

市民になることを欲しなかったのが、古代では「特殊」の典型であったユダヤ民族で

あったのだった。カエサルの定めた法によって、医師と教師には民族の別なくローマ

市民権が与えられると決まり、帝政時代が進むにつれてそれは帝国全域に広まってい

たのだが、優秀な民族だけに医師も教師も多出したユダヤ人なのに、この特典を活用

した人の数は驚くほどに少ない。ローマ人になってしまうと、ローマ法を守らねばな

らないからであった。

同じ理由で、ローマ軍団に志願するユダヤ人の数も極度に少なかった。兵士になれ

ば、最高司令官である皇帝に忠誠を誓わねばならない。しかし、ユダヤ教徒が忠誠を

誓うのは、彼らの神に対してだけで、それに反しようものなら神の厳罰が下ると信じ

ていた。

ローマ側もこの「特殊事情」は認め、ユダヤ人にだけは民族規模で兵役を免除している。だがこれも、ユダヤ民族のローマ世界への同化の障害になっていた。

最もシステマティックにローマ市民を生産していたのは、補助兵として二十五年の満期まで務めればローマ市民権をもらえたローマ軍団である。単純に計算しても、二十五年ごとに十五万のローマ市民が誕生することになる。ユダヤ人は、ローマ市民生産のこのシステムでも異分子であったのだ。

ユダヤ人は、ローマ世界の異邦人であることを選択したのである。それも、支配者であるローマ人が課したのではなく、ユダヤ人自らが選択したのであった。だが、このことは、アレクサンダー大王による東地中海世界のヘレニズム化によって、覇者があるギリシア人に比して二級の民族とされて久しいユダヤ人の社会的地位が、覇者がローマ人に変ってもそのままでつづくことを意味した。自分だけでなく他者までを守ってこそ、一級の民族と認められるのである。その責務を拒否すれば、ユダヤ民族のように優秀でも、二級に甘んずるしかなかった。

もちろん、一部にしろ例外は常に存在した。例外の確率は、都市に住むユダヤ人、それも知能程度の高いユダヤ人に高かった。だがこの人々は、現代のイスラエル人からさえも、裏切者と断罪されているのである。

「普遍」と「特殊」、と言い換えてもよいローマ人とユダヤ人が直接に関係をもつよ
うになるはじまりは、紀元前六三年にイェルサレムを占拠したポンペイウスにまでさ
かのぼる。

ポントス王ミトリダテスを破り、パルティア王国の動きは平和条約で制し、シリア
のセレウコス王朝を無血で滅亡させることでヘレニズム時代に幕を引いたポンペイウ
スは、ローマの覇権下に入ったユダヤが独立国として存続する条件として、ユダヤ教
の祭司階級による政教一致の統治の見直しを求めた。ユダヤ民族は、それを拒否する。

ポンペイウスは、イェルサレムに軍を進めた。彼自身では指揮をとらず、軍の一部を
送っての攻撃であったこともあって即時の征服にはならなかったが、それでも三ヵ月
後にイェルサレムは陥落した。

勝利者ポンペイウスは、一人で神殿に入った。勝者を
誇示するというよりも、ユダヤ教の神殿への好奇心からである。だが、偶像崇拝を禁
じているユダヤ教の神殿では、内陣の中にさえ何も置いていない。ポンペイウスの神
殿から出てきての感想は、何もなかった、という無邪気なものだった。

しかし、これを知ったユダヤ人が激昂（げきこう）したのである。イェルサレムの大神殿には、

ユダヤ教徒でなければ入ってはいけないと決まっている。ましてやその内陣は、年に一度だけ最高祭司長が入ることが許される聖所であった。ローマやギリシアの神殿に思っていたポンペイウスだが、ユダヤ人からすれば、神を冒瀆した者になったのである。

しかし、「普遍」とは、それを押しつけるよりも「特殊」を許容してこそ実現できるものである。具体的には、ケース・バイ・ケースが最も現実的な方策ということになる。ローマ人はこの面でも、見事なまでにエキスパートであった。

紀元前四八年、ファルサルスの会戦で敗れたポンペイウスを追ってエジプトのアレクサンドリアを訪れたユリウス・カエサルは、アレクサンドリア滞在中にはこの都市居住のユダヤ人、翌四七年、そこを発って、「来た、見た、勝った」で終わるファルナケスとの戦いに向う途中で寄ったパレスティーナとシリアでは、この地方に住むユダヤ人というように、支配者ローマと被支配者ユダヤ民族との関係の明確化にはじめて手をつけている。

それは、具体的には二項からなり、いずれも、ユダヤ側の要望を聴き容れたものであった。その第一は、アレクサンダー大王による征服の結果三百年にわたって東方世

界の支配階級を形成していたギリシア人社会に対して不利な立場に置かれていたユダヤ民族に、経済上の同等の権利をすべての公職にユダヤ教徒が就かないことを認めてもよい〝特典〟で、軍務もふくむすべての公職にユダヤ教徒が就かないことを認めたものであった。ユダヤ人社会が、ローマ人を除けば他のどの民族よりもカエサルの死に涙したといわれるのも、支配者でははじめて彼らの立場を認めてくれた保護者を失った想いからであったのだ。しかし、ユダヤ人は、カエサルに頼んで自分たちの特殊性を公認してもらったこの時点で、普遍化への好機を逸したのである。まもなくローマ帝国には、ガリア人やスペイン人の元老院議員や属州総督、ギリシア人やエジプト人の元老院議員が輩出するようになり、果ては皇帝にまでなる人が出てくるが、ユダヤ人にはこの種の例は皆無である。「特殊」を認めさせたということは、「普遍」への道を自分たち自身で断ったということであった。

　カエサルの後を継いだアウグストゥスのユダヤ民族対策は、カエサルが敷いた路線を継承しながらも、帝国の統治上必要とあれば名を捨てて実をとることも辞さないという、現実的なローマ人の名に恥じないものであった。これには、彼本来の現実的性向に加えて、実際に現地をくわしく視察した、健全な常識家でもあるアグリッパの進

言が活かされたからにちがいない。ユダヤの王族にアグリッパの名が多くあらわれる
のもこの時期からで、アウグストゥスの「右腕」に対するユダヤ側の感謝と敬意の表
明でもあった。そして、ローマの現実主義路線が三十年もの間効力を発揮できたのも、
ユダヤ側にもまた現実政治の達人がいたからである。

　純血のユダヤ人でもないのに熾烈な権力闘争を勝ち抜いてユダヤの主権をにぎった
ヘロデ王は、大王と呼ばれるだけになかなかの人物である。ポンペイウスが勝利者で
いる間はポンペイウス側につき、ポンペイウスに勝ったカエサルがユダヤ王国を再建
すれば、ただちにカエサルの許に走ってユリウスという家門名をもらい、カエサルの
〝子分〟になり変わる。そのカエサルが暗殺の剣に倒れれば、東方では勢力が強いと
いう理由だけで、カエサル暗殺の首謀者であるブルータスとカシウスの側につく。た
だし、カエサル派のアントニウスとオクタヴィアヌス時代のアウグストゥスが反カエ
サル派のこの二人と対決したフィリッピの会戦には、参戦しない程度の冷徹さはもち
合わせていた。そして、次なるアントニウスとオクタヴィアヌスの権力闘争では、ま
たも東方での勢力の強さを理由に、アントニウス側についている。これを多としたア
ントニウスは、クレオパトラにいかに懇願されようと、ユダヤ王国だけは女王への贈

物の中に加えなかったほどであった。

それでいてこのアントニウスが敗れるや、アウグストゥスと名を改めたオクタヴィアヌスに、忠誠を誓う相手を変えている。早々にローマを訪れたヘロデに、アウグストゥスは、ローマの同盟者としたうえでユダヤの王位を認めた。このヘロデくらい、小国の主権者の忠誠とは情況の変化に応じて変るという、延命策の見本のような存在もない。だが、ローマ側も、ヘロデがいかにも親ローマ政策のように行った、カエサリア（カエサルの都の意）の建設や息子二人のローマ留学などに気を良くし、ヘロデの王権を認めたわけではなかった。この男の利用価値を冷徹に見極めたうえでの、アウグストゥスの政策であったのである。

第一にヘロデは、完全な専制君主であった。ユダヤで専制君主であるということは、ユダヤ教の祭司階級には国政にタッチさせないということなのである。ローマ人は、独立した祭司階級を置かなかっただけに、宗教の政治への介入には常に不信をいだいていた。

第二、ヘロデにとっての最重要事は王位の維持であり、それには東方駐屯のローマ軍団の後援が必要だった。一方、アウグストゥスにとっての最重要事は帝国の東方<ruby>一帯<rt></rt></ruby>の平和と秩序の確立であり、それには、ローマの<ruby>直轄<rt>ちょっかつ</rt></ruby>領になっているシリアとエ

ジプトを結ぶ線上に位置するユダヤが、親ローマでまとまっていてくれることが重要であった。互いに冷徹でなければ機能しえないギブ・アンド・テイクの関係の成立である。

第三だが、現代風に言えば、多国籍企業の本社社長であるアウグストゥスが、特殊事情の多いユダヤの現地法人の社長には、現地人をすえるほうが得策と判断したからである。しかもヘロデは、ヘレニズム的な、ということは西方的な東方人でもあったために、アウグストゥスの政策を充分に理解しえたのである。

第四、アウグストゥスは、帝国の東方一帯にコミュニティーのネットワークを張りめぐらせているユダヤ民族の統治が、彼らにとっての心の故郷であるイェルサレムの神殿に一定の率の奉納金を納めるのが義務になっていた。どこに住もうとユダヤ教徒には、イェルサレムの神殿に一定の率の奉納金を納めるのが義務になっていた。金が集まるということは、それを一手にする祭司階級の権力が強まるということである。民族主義の温床になりがちなユダヤの祭司階級を、強権によって押さえこめる人が、アウグストゥスにとっては必要であったのだ。イェルサレムさえ安定していてくれれば、東方全域のユダヤ人社会も安定するからである。

この状態で、三十年近くもの歳月が過ぎた。その間ローマは、ユダヤ人とは直接的な関係をもつことなく、この特殊な民族を帝国の内部にかかえこむことに成功したのである。だが、変化は、紀元四年のヘロデ王の死を機にしてはじまった。

ヘロデ大王は、ユダヤ王国を三分割して、それぞれを三人の息子に遺した。王国の北部はフィリッポスに、王国の南部はヘロデ・アンティパスに、首都イェルサレムを中心とする中央部は、アルケラオスに遺したのである。前二者の統治権の継承は支障なく行われたが、問題はイェルサレムだった。

祭司階級による神権統治の復活を求めて蜂起したイェルサレムのユダヤ人はまず、ヘロデが任命した最高祭司長の免職をかちとる。そして、彼らからすれば不純物でしかないユダヤ教徒以外の住民の、彼らにとっての「聖都」からの追い出しにかかった。ユダヤ教の聖都は血まみれと化し、若く未熟なアルケラオスは、シリア属州総督に軍の出動を要請するしかなかった。この時期のシリア総督は、五年後にゲルマニアの森で三個軍団とともに全滅することになるヴァルスである。総督ヴァルスは、軍団を出動させての鎮圧という強硬手段はとらなかった。蜂起した急進派ユダヤ人の代表に、ローマへ行って皇帝に、王政を廃して祭司政を復活したいという彼らの要望を訴えて

はどうかと勧めたのである。五十人の代表が、陳情のためにローマに発った。

しかし、パレスティーナからイタリアまでの海路である。往復の旅路にローマでの滞在日数を加えれば、半年は要する。この期間を急進派は、おとなしく待ちはしなかった。既成事実を確立しようとしてか、それとも、動き出したら止まらなくなる狂信の宿命か、イェルサレムのユダヤ人と非ユダヤ人の衝突は激化する一方であったのだ。ついにヴァルスも、シリア駐屯の軍団を出動させての鎮圧策をとるしかなかった。結局、ヘロデ大王の常套手段であった断固たる武力行使によってしか、イェルサレムの秩序は回復できなかったのである。

ローマでは、六十六歳のアウグストゥスが、パラティーノの丘に立つアポロ神殿前で代表たちと会った。神殿に登る階段の上に立った皇帝は、階段の下に並んだ五十人のユダヤ人が口々に訴える要請を聴いた。だが、五十人の代表の背後には、アウグストゥスがテヴェレの河向うの十四区にならば集中して住むことを許した、ローマのユダヤ人社会の八千人も詰めかけていたのである。イェルサレムの運命が、海外居住のユダヤ人にとっても重大事であることを、アウグストゥスは再認識したにちがいない。

それでも皇帝は、ユダヤ人の要請を聴き容れなかった。ヘロデ王の遺言を尊重するのが、王から遺言の執行責任者に指名された自分の責務であるというのが拒否の理由

である。とはいえアウグストゥスの真意が、神権統治を認めないことにあったのは言うまでもない。ただしアウグストゥスは、王政廃止は拒絶したが、代わりに税の軽減を約束した。ヘロデ大王時代の税は、大変に高率であったのである。

この回答をもって帰国した代表たちは、待っていた人々は納得しなかった。暴動の再開である。アウグストゥスも、収拾能力に欠ける若い王アルケラオスをあきらめるしかなかった。二年も経たないうちに、イェルサレム在住のユダヤ人たちの願望は実現した。王政の廃止である。ただしアウグストゥスには、ユダヤ教の祭司たちに統治をまかせる気はまったくなかった。ローマは、ヘロデ王がアルケラオスに与えたイェルサレムを中心としたユダヤの中部を、直轄統治下に置くことに決めたのである。だが、この地域の行政は、イェルサレムの有力者たちを擁した長老会議に与えた。つまり、内政の自治権は、ユダヤ人に残したのである。

こうして、紀元六年以降のイェルサレムとユダヤ中部は、ローマの属州に変った。だが、属州の格づけならばBクラスとするしかない。長官（プロクラトール）として派遣されたのはローマの第二階級の「騎士階級（エクイテス）」出身者であり、直接の上司も、他の属州総督のように皇帝ではなくて、シリア属州担当の総督であったからだ。イェルサレムは、シリア

属州の一部になったということであった。

Bクラス入りは、イェルサレムを中心とするユダヤの中部を、アゥグストゥスが軽視したからではない。アゥグストゥスもその後を継いだティベリウスも、適当な継承者がいない場合はひとまず属州化し、次なる継承者が育つのを待つということをしばしば行っている。ひとまずは本社から出向させるが、現地人で適任者があらわれればその人物にバトンタッチする、という感じだ。ユダヤの統治はユダヤ人にという考えを、捨てたわけではなかったのである。

ユダヤ担当の長官の官邸も、イェルサレムには置かず、ギリシア系の住民が多く、またユダヤ人でも穏健派が多数を占めていた、通商都市のカエサリアに置いている。軍事力も、三千兵前後しか駐屯させなかった。それも、ローマ市民の軍団兵ではなく、シリアで志願を募ったギリシア系の補助兵で構成されており、ギリシア語を話す者の多いユダヤ民族との接触でも、言語上の障害はなかった。これらすべてが、ユダヤ人を刺激しないがための配慮であったことは言うまでもない。

しかし、考え方の相違が原因の摩擦は、避けようもなかった。属州化すると、ローマ人は実情の正確な把握のために、人口や資産の調査を行う。このようなことをする

習慣のないユダヤ人は、それを、奴隷にするために調べるのだ、と受けとった。属州税の支払い義務も、近くにいる王にならともかく遠くにいる皇帝に払うというのが、ユダヤ人には納得いかないのだった。彼らには、他民族をも守る安全保障のための出費の必要性が、どうしても理解できなかったのである。「皇帝のものは皇帝に、神のものは神に」というイエス・キリストの答えを引き出した質問は、「なぜわれわれユダヤ人は、ローマ人に税を納めねばならないのか」であった。それは、ユダヤ教の神殿に納めている以外に、ローマにも納めねばならないのか、の意味である。宗教が安全保障の代わりをすることはできないと知っていたユダヤ人が、いかに少なかったかを示している。

それでもなお、属州化への移行という困難なこの時期に蜂起も暴動も起こらなかったのは、二つの要素がプラスに働いたからであった。

第一は、ユダヤ民族は一枚岩ではまったくなく、海港都市に住む開明的な考え方のユダヤ人と、農民やイェルサレムの下層民からなる急進的なユダヤ教徒に分れていたことである。前者に属すユダヤ人の多くは工業や金融や通商を業としていたので、ローマの直接統治による秩序の回復は歓迎すべきことであったし、ローマ人による調査も属州税も、その必要性を理解できる人々であったのだ。

第二の要素は、ユダヤの属州化という難事をやりとげるためにアウグストゥスによって登用された、シリア総督クィリーヌスの有能さにあった。

彼はまず、穏健派のユダヤ人が多数を占める海港都市のカエサリアをはじめとして、内政面して、ユダヤ中部には、イェルサレムのみでなく、カエサリアの自治権を再確認する。こうでの自治権をもつ都市が群立することになった。この政策の目的の第一は、ローマの統治のモットーとも言える「分割し、統治せよ」の実施にあり、第二は、イェルサレムの影響力を極力排除することにある。つまり、急進派と穏健派の分離が目的であった。

総督クィリーヌスはまた、イェルサレムの特殊性への配慮も忘れなかった。神権統治の特色の最たるものは、宗教人が司法にまで介入するところにある。これは、神が与えた法によって人間が裁かれるというユダヤ教の立場からすれば当然なのである。それでローマ側は、ローマの直接統治下に入りはしてもイェルサレムには、祭司階級が司法も担当することを認めたのである。

もちろんのことだが、ローマ市民権に従う義務があり、罪を犯した場合もローマ法によって裁かれる。

だが、ローマ市民権をもたないユダヤ教徒はユダヤの法に従い、罪を犯した場合もユダヤの法によって裁かれるとしたのである。モーゼの十戒でも、その後半は殺人、

姦淫、盗み、偽証、家宅侵入を禁じた項で成り立っている。これはローマ法でも禁じられていることだから、ユダヤの法にゆだねられても不都合ではなかった。ただし、判決が死刑となった場合は、「皇帝の代理」でもあるユダヤ駐在の「長官（プロクラトール）」が許可を与えないかぎり、その執行は不可とした。

イエス・キリストの処刑も、イェルサレムの祭司たちで構成された法廷が死刑の判決を下し、当時のユダヤ長官のポンツィオ・ピラトがOKを与えたので実施されたのである。長官ピラトは祭司階級の圧力に屈し、手を洗うという象徴的なジェスチャーをすることで、あなた方（ユダヤ側）の決めたことだからわたし（ローマ側）は関知することではないと言ってイエスの処刑にOKを出したのだった。それがもしも、ピラトがユダヤ側の圧力に屈せずに、自分が体現するローマの法に従って行動していたとしたら、イエスの十字架上の死は実現しなかったのである。神々のたくさんいるローマでは罪にもならないからだ。また、社会不安の源になる可能性大という理由も、実際に口にするならば、ローマ法では追放に処されて終りだった。だが、十字架上で死なずに黒海あたりに追放になったイエスでは、後のキリスト教拡大の起因にはなりえなかったであろう。ピラトは、この一事だけでも、祖国ローマに害をもた

らしたのである。

しかし、ピラトがユダヤ長官の任にあった時期にはすでに世を去っていた総督クィリーヌスによるユダヤ人対策は、ユダヤ人の特殊性は充分に考慮しながらも、ローマの普遍性も守り通すものであったのだ。

ローマ帝国の金貨と銀貨の鋳造権は皇帝にあったが、最も使用頻度の高い銅貨の鋳造権ならば、帝国に属してはいても自治を認められた都市にも認められていた。アテネやスパルタのような「自由都市」にもそれはあり、帝国の首都であるローマでさえも、銅貨の鋳造権だけが元老院に属したのである。ただし、ローマの直轄統治下にある属州には、それさえもなかった。属州での通貨は、金、銀、銅貨ともにローマ通貨が使われていたのである。当然、そのほぼすべてには、皇帝の横顔が彫られてあった。属州となった以上はユダヤでも、ヘロデ王の時代のように王の鋳造する通貨ではなく、ローマの通貨が使われることになる。だが、ユダヤ教では偶像崇拝を禁じている。モーゼの十戒にも、刻んだ像をつくってはならないと明記してある。

それで総督クィリーヌスは、属州ユダヤでは、最も使用頻度の高い銅貨にかぎって、皇帝の横顔が彫られていない通貨を鋳造させたのである。金貨や銀貨はそのままで据

え置いたのは、一般庶民では手にすることもまれであったからだろう。

また、ユダヤ教が、イェルサレムの神殿への非ユダヤ教徒の参拝を禁じていること

も尊重し、それを犯した者は死罪に処すと決めた。しかも、ユダヤ教にかぎらずあら

ゆるオリエントの宗教には常に距離を置いてきたアウグストゥスなのに、イェルサレ

ムの神殿にだけは、皇帝やその妻リヴィアからの奉納の品々が納められたのである。

属州民となったイェルサレムのユダヤ人の妻因の一つは、支配者ロ

ーマを体現する軍事力だが、この駐屯地もイェルサレムではなく、百キロ離れたカエ

サリアに置いている。そのうえ、カエサリアを基地にするローマ軍の兵士がイェルサ

レムに出向かねばならない場合でも、皇帝の権力を象徴するものは、つまり軍旗は、

カエサリアの基地に置いて出動するとも定めたのである。

　シリア総督クィリーヌスが陣頭指揮をとって実施したアウグストゥスのユダヤ対策

は、そのままでティベリウスに引き継がれた。いや、ティベリウスは、それをより徹

底させたと言うべきかもしれない。皇帝がティベリウスに代わっても、クィリーヌス

はシリア総督の地位に留まりつづけたようである。

　ティベリウスは、イェルサレムの神殿に納められていた、皇帝の象徴もついていな

いローマ側からの奉納品すらも、カエサリアに建てられた、先帝で神君となったアウ
グストゥスに捧げられた神殿内に移すよう命じた。イェルサレムの神殿が、ユダヤ教
以外のものが納められることで穢されたと、ユダヤ教徒が思わないでもすむようにと
の配慮からである。また、ユダヤの最高祭司長が祭儀の折りに着用する祭衣は、イェ
ルサレムの宮殿内にローマ側が保管していたのだが、これもユダヤ側に返却するよう
命じた。それまでは、祭儀のたびに祭司たちはそれを借り出し、異教徒ローマ人が保
管していたということで、それによる穢れを消すために、七日間もの〝お清め〟の期
間が必要であったのだった。

ユダヤの属州化という難事を成しとげたプブリウス・スルピチウス・クィリーヌス
が紀元二一年に死んだとき、皇帝ティベリウスは、祖国への貢献大であったという理
由で、国葬をもって遇している。階級も低く貧しい生れながら軍団で重要な任務をまかされ、執政
官にも選出され、ゲルマニアでもアフリカでもシリアでも重要な任務をまかされ、死
ねば国葬で送られるなどということは、出身階級を重視した元老院主導の共和政時代
には考えられないことであった。カエサルがはじめ、アウグストゥスが確立し、ティ
ベリウスが盤石にした帝政のほうが、ハンディを負って生れた優秀な人材には、恵ま
れた時代ではなかったかと思う。

このクィリーヌスが去って以後のユダヤ民族統治は、ティベリウスが監視を怠らなかったこともあって、まずは無事に進行した。まずは、と書くのは、イェルサレムのユダヤ人と直接に接触する歴代のユダヤ長官の中には、ユダヤ民族の特殊性への無知もあって、統治上の判断を誤った者もいたからである。だがこれも、ティベリウスの知るところとなればただちに解任され、本国に召還されて裁判に付されるのを覚悟しなければならなかった。紀元二六年から十年間もユダヤ長官の地位にあったポンティオ・ピラト（ラテン原名ではポンティウス・ピラトゥス）が好例である。彼の解任理由は、軍旗を先頭にした一隊をイェルサレムに入城させたことと、数度にわたって起こった住民の騒乱の責任であった。

しかし、ユダヤ人の不満の原因が、ローマ側にあるとばかりはかぎらなかったのである。常に弱者の立場にありつづけた民族が、被害者意識から自由になることがむずかしい。そのタイプの人々は、拠って立つ唯一のものが被害者意識であるがゆえに、強者に対しては過敏に反応しがちなのである。他の属州では問題にならずに済むことでも、ユダヤ人との間では問題になるのだった。

アウグストゥスのユダヤ民族対策を、引き継ぐだけでなくより徹底させたティベリ
ウスだったが、それは、アウグストゥスのはじめたユダヤ民族対策を、イェルサレム
を中心としたユダヤ中部に住むユダヤ人にとどめず、帝国全域に住むユダヤ人全体に
拡大した皇帝が、ティベリウスであったからである。しかもそれも、単なる拡大では
なく、東方と西方の環境のちがいを考慮に入れてのケース・バイ・ケースで対した
のだ。「ケース・バイ・ケース」とは、「分割し、統治せよ」と並んで、と言うよりも
相互に密接な関係にある、ローマの世界統治の基本方針でもあった。

ティベリウスが、アウグストゥスのはじめた対策をより徹底することになったのは、
アウグストゥスが徹底を怠ったからではない。アウグストゥスが直面しなくて済んだ
問題に、ティベリウスの治世ともなると直面せざるをえなくなったからである。それ
は、神の法にのみ従うというユダヤ民族の特殊性と並ぶ、もう一つのユダヤ人の特殊
性に原因があった。

ギリシア人とユダヤ人

祖国を離れて他国に移り住むことを意味するギリシア語の「ディアスポラ」

(Diaspora) は、現代ではもっぱらユダヤ民族特有の現象のように思われているが、バビロニアやエジプトへの強制移住は別として、祖国を離れて他国に移住するということならば、ギリシア民族のほうが先輩になる。ローマ人も「コローニア」と呼ばれる植民都市を各地に建設したが、あれは政略上の移住であって、人々の自主的な移住による現象ではない。自主的な移住ならば、ギリシア民族が先駆者であった。そして、それにつづいたのがユダヤ民族であったのだ。

だが、ギリシア人の移住とユダヤ人の移住では、根本的な差異があった。

ギリシア人は、何もない土地に新しく都市を建設し、そこを基地にして、手工業や通商業によって富を築くのである。反対にユダヤ人は、すでに存在し繁栄している都市に移り住み、手工業や通商業や金融業に従事して富を築くのであった。紀元前も一千年も昔にはじまったギリシア民族の移住によって、地中海世界では西方も東方も区別なく、ありとあらゆる地にギリシア民族の都市が建設されていったが、ユダヤ人が建設した都市は皆無と言ってよい。ユダヤ民族とは、富の匂いがしないところには移住しないからであった。

紀元前後の時期になっても、地中海世界の東方(オリエント)の諸都市には大規模なユダヤ人のコミュニティーが成立していたにかかわらず、ローマをはじめとする西方(オチデント)の諸都市

ローマ世界の三大都市

には、東方ほどの規模のユダヤ人社会は
存在しない。　覇権国家であるローマの首
都がありながら、西方には「富の匂い」
が少なかったからである。

しかし、「パクス・ロマーナ」（ローマ
による平和）の確立とローマによるイン
フラストラクチャーの普及は、西方の経
済力の向上という結果になってあらわれ
た。これまでは不均衡であった東方と西
方の経済力が、均衡に変ったのである。

支配者であるローマに富が集中したので
はないかと思う人がいるかもしれないが、
実際はそれほどではなかった。ローマ帝
政時代の帝国の三大都市は、ローマとア
レクサンドリアとアンティオキアだが、
このうちで西方に属すのはローマのみで、

アレクサンドリアもアンティオキアも東方(オリエント)に属す。支配者であるローマ人自身が、帝国全域の富の流れは重要視しても、ローマのみへの富の集中は二の次と考えていたからでもある。属州税からして、支配者ローマへの被支配者からの上納金ではなく、被支配者の住む帝国全域の安全の保障を目的とした、安全保障費なのであった。

いずれにしても、アウグストゥスの時代から本格的にはじまった西方の経済力の向上は、ユダヤ人の注意を引かずには済まなかった。ユダヤ民族の移住が本格的にはじまる条件は、西方(オチデント)でも整ったことになる。この時期に皇帝に就任したのが、ティベリウスであった。

ティベリウスとユダヤ人

ティベリウスは、ユダヤ民族の特殊性を充分に理解していた。シリア総督クィリーヌスをつづけて重用したのも、そしてイェルサレムのユダヤ人を刺激しないためにあらゆる妥協策をとったのも、理解していた証拠である。だが、理解していたからこそなおのこと、特殊なユダヤ民族が普遍を目指すローマ帝国にもたらす、危険性も熟知していたのだった。神の法にしか従わない人々と、人間の法によって律しようと努め

る人々と、どうやれば共存は可能か。何もせずに放置するのでは、危険につながるだけだった。東方では年中行事のように起こる、ギリシア系住人とユダヤ系住人の衝突がそれを証明していた。ギリシア民族は、多神教の民であることと「法」は人間がつくると考えていることでローマ人と近く、また何よりも、ローマ人との同化に抵抗を感じない人々だった。

ティベリウスの前には、次の現実があった。

総人口百万のアレクサンドリアの都市の住民は五区に分れて住んでいたが、そのうちの三区にはギリシア系住人が住み、残りの二区にはユダヤ系住人が住んでいる。ローマが行った人口調査が遺っていないので推測するしかないのだが、百万都市アレクサンドリアに住むユダヤ人の数は、四十万は越えていたにちがいない。もう一つの東方の百万都市アンティオキアでも、現状は似たようなものであったろう。

一方のローマでは、十四に分れた行政区のうちの一区のみにユダヤ人の居住が許されていただけでなく、ローマに移り住んだユダヤ人の数自体が少なかった。「富の匂い」がしはじめてから、半世紀と過ぎていなかったからでもある。二万前後というのが、研究者たちの達した推測だ。百万のうちの四十万と、百万のうちの二万という点

に、特殊を許容しながら普遍を貫き通す、解決策がひそんでいるはずであった。

ティベリウスは、東方諸都市のユダヤ人社会に、アウグストゥスがイェルサレムのユダヤ人に許した、ユダヤ人社会内での司法の行使も公認した。イェルサレム並みなのだから、死刑の執行だけは、ローマ人の総督や長官の許可を必要とする。つまり、東方のユダヤ人たちには、神の法によって裁かれることを認めたのである。

またティベリウスは、ユダヤ人が熱望していた土曜日ごとの安息日も公認した。これも、英断と言ってよい。なぜなら、ギリシア人やローマ人にとっての休日は神々に捧げる祝祭日であって、いつもの仕事はやめて、祭儀に参列し、神に捧げた競技会や演劇などを見物する日のことなのである。そう考える人々にとって、神に祈る以外は「何もしない」というユダヤ人にとっての休日が奇異に映ったのも無理はなかった。

だが、ユダヤ人にしてみれば、モーゼの十戒の第四項に「安息日を覚えてそれを聖とせよ」とある以上、守らなければ神の罰が下るのである。しかし、奇異に思うローマ人が支配者であったにかかわらず、その支配者は、自分たちは仕事しているのに、土曜日がめぐってくるたびに「何もしない」をくり返すユダヤの慣習を認めたのである。

ユダヤ人の数が百万のうちの四十万という既成事実が、ティベリウスの東方のユダヤ人対策を律したのであった。

しかし、ユダヤ系住人の割合が百万のうちの二万にすぎない西方^{オクシデント}では、ティベリウスは、無視を許されない既成事実にならないうちにセーブする策をとる。ただし、ユダヤ人の移住を制限したり、禁じたりしたのではない。移住は自由だが、西方では東方とちがって不利を甘受しなければならない、としたのである。毎土曜ごとの「何もしない」は、モーゼの十戒にもあることゆえ認めた。しかし、ユダヤ人のコミュニティー内での、ユダヤの法による司法権は一切認めなかった。西方に移り住むのなら、たとえユダヤ教徒であろうと、ローマの法に従うことを徹底させたのである。百万のうち二万だから、出来たことではあった。

だが、このティベリウスも、東方西方問わずイェルサレムもふくめた諸都市のユダヤ人社会に、次の一事だけは強要した。信教の自由も移動の自由もその他のユダヤ教特有の習慣もすべて認めるが、反ローマを目的にしたり社会不安の原因になる行為に出た場合は絶対に許さない。これがローマの方針であることを、ローマ世界に住むユダヤ人は忘れてはならなかったのである。紀元一九年という、ユダヤでは総督クィリーヌスによる柔軟なユダヤ教徒対策が進行しつつあると同じ時期に、ティベリウスは、ローマに住むユダヤ人全員の、一時的にしろイタリア追

放を強行している。信教の自由は認めても社会不安の原因になることは許さないとい
うローマ人の異教徒政策は、ティベリウスによって確立されたのであった。

このティベリウスは、ユダヤ人が多く住む帝国の東方で、それは、歴史をはじめとする種々の要因
グストゥスが実行してきた路線を継承した。それは、歴史をはじめとする種々の要因
によって激化しがちなギリシア系住民とユダヤ系住民の対立関係に対して、ローマは
そのいずれにも味方せず、この二民族の調停者の立場に立つという政略である。な
にしろ、帝国の東方は、ギリシア人とユダヤ人なしには存続しえないのが現実であ
ったのだ。

ローマ人と同化するギリシア人とはちがって同化しないユダヤ民族という〝現地法
人〟の経営には、現地人の〝社長〟が最善策であるのは、ティベリウスもわかってい
たのだと思う。だが、適任者がいなかった。適任者候補であった、ヘロデ大王の孫の
ヘロデ・アグリッパは、有能でも責任感に欠けるとが、ティベリウスの評価であった。
シリア総督の指揮下にある「長官」による直接統治をつづけるしかなかったのである。

以上が、ティベリウスの死までの、ローマ人とユダヤ人の関係である。アレクサン
ドリア在住のユダヤ人のフィロンが、ローマの帝政をあれほども（ティベリウスの項

の一八四頁＝文庫版第18巻九一頁＝参照）賞め讃えて書いたのも、帝国内に住むユダ
ヤ人にとって、カエサル、アウグストゥス、ティベリウスとつづいた一世紀間のロー
マ人による統治が、ユダヤ人の立場から見ても満足いくものであったことの証明であ
る。カリグラが受けついだのも、このローマの政略であった。いや、アウグストゥス
の血を引いているカリグラならばなおのこと、従来のローマの政略を継承してくれ
るにちがいないと、フィロンをはじめとするユダヤ人たちは信じて疑わなかったので
ある。

カリグラとユダヤ人

　人間ならば誰でも多少なりとも胸の内に秘めている人種差別の感情が意識されるよ
うになるには、二つの条件が整う必要がある。第一に、毎日顔をつき合わせて生活を
する間柄であること。第二に、それでいて利害が一致しない関係にあること。地中海
世界の東方に住むユダヤ人と長年にわたって対立関係にあった民族は、ローマ人では
なくてギリシア人であった。まったく、民族としてはすこぶる優秀なユダヤ人とギリ
シア人だが、優秀であるだけになお、あらゆる面で利害が対立したのである。経済上

の能力はもちろんのこと、学問の世界でさえも競合関係にあった。競り合う関係にな
かったのは、唯一、海運業ではなかったかと思う。船乗りとしてのギリシア人の才能
は、他民族を圧倒していたからである。

ただし、アレクサンダー大王によってはじまったヘレニズム時代の三世紀には、この
二民族の立場を、支配者のギリシア人と被支配者のユダヤ人に二分することになった。
だが、その形ではあっても、この二民族間の均衡関係を保つには役立ったのである。
ところが、クレオパトラの敗死によってギリシア人支配の最後の砦がローマの軍門に
下った紀元前三〇年からは、もはや唯一の支配者となったローマ人の下で、被支配者
という立場では同等になったギリシア人とユダヤ人は、ともに"同居"する形に変っ
た。

しかし、長くつづいた支配者・被支配者の関係、それに加えて常に利害が競合して
きた間柄では、これらによって蓄積されてきた対立感情は一朝一夕に消えるものでは
ない。そのうえさらに、覇権者ローマの下でのこの二民族の選択は、対極と言ってよ
いほどに分れたのである。ローマ人に同化する道を選んだギリシア人と、同化を拒否
したユダヤ人とに。

それでも、敗者さえも自分たちと同化するという希有な性向をもっていたローマ人

は、異分子のユダヤ人の特殊性も認めたうえで、支配下に組み入れることさえしたの
であった。カエサル、アウグストゥス、ティベリウスとつづいた一世紀が、ユダヤ民
族にとっては、以前のギリシア人支配の時代に比較すればずっと暮らしやすかった時
代ではないかと思う。カリグラの登場をあれほども歓迎したのも、ローマ人による帝
政の続行を、ユダヤ人が望んでいたという証明であった。

ところがカリグラは、「無冠の帝王」であるがゆえに諸王を越えるのがローマ皇帝
の真の意味であることが理解できず、諸王を越えるには「神」になるしかないと考え
た皇帝である。

ここで、ユダヤ人は困ってしまった。カリグラが大病を患（わずら）ったときは全員でその快
癒を祈って犠牲を捧（ささ）げたユダヤ人だが、カリグラを神と認めることだけは絶対にでき
ない。反対にギリシア人は多神教の民なので、神の一つぐらい増えたってどうという
ことはないと思っている。神であることを公言しはじめたカリグラにどう対処するか
が、ユダヤ人とギリシア人の対立感情を再び燃えあがらせる起爆剤になった。そして、
この対立が、エジプトのアレクサンドリアで爆発したのは、帝国の東方では他のどの
都市よりもアレクサンドリアでは、ギリシア人社会とユダヤ人社会の勢力が伯仲して
いたからである。

カリグラの即位の一年後の紀元三八年に火を噴くアレクサンドリアの暴動は、その経過を追えば、これはカリグラに名を借りた、ギリシア人のユダヤ人への敵対感情の爆発であったことがわかる。つまり、はじめたのはギリシア人のほうであったのだ。

港に停泊中のユダヤ人所有の船という船は、焼き打ちにあって炎上した。ユダヤ人が集中して住む区域の家々も焼かれ、略奪された。居住区の外に出れば、ただそれだけの理由で殺された。ギリシア系住民は、ユダヤ教の礼拝堂であるシナゴーグの中にまでカリグラの像をもちこんでは、偶像崇拝を禁じている神から罰が下ると怖れおののくユダヤ人を嘲笑した。

住人の間で起こった争いを収拾するのは、エジプトにおける皇帝の代理の長官の任務である。この時期の長官はティベリウスの任命したフラックスだったが、これまでの長年の善政とは一変する行動に出た。調停役ではなく、ギリシア人側に立ったのである。即位して一年しか経っていない若いカリグラでは、皇帝である期間も長くなるにちがいなく、また「神」であろうとするカリグラの言動は周知のことである以上、それを旗印にしたギリシア系住人の暴動を断固として制圧することもむずかしかったからだろう。だが、長官自らが先頭に立ったことによって、アレクサンドリアでの暴

動は、この都市に住むユダヤ人の全面的な弾圧にエスカレートしていった。

土曜の安息日は、廃止された。それまでは五区のうちの二区を居住区にしていたユダヤ人は、都市の中でも美観豊かな地区に住む権利はないという理由で、一区のみに押しこまれると決まった。ユダヤ人を追い出した地区では、四百もの屋敷が焼かれ、シナゴーグも焼かれ、三十六人の祭司たちは競技場に連行され、ギリシア系の住人の嘲笑の中で鞭打たれた。

ユダヤ人の経営する工場も閉鎖、通商も止まったまま、日用品を商う店すらも、ギリシア人の襲撃を怖れて閉店状態。東方一と言われたアレクサンドリアの経済の半ばは、麻痺状態に陥ってしまったのである。

こうなっては、ユダヤ人社会としてはローマの皇帝に直訴するしかなかった。このような場合の直訴はローマでは法で認められていたので、アレクサンドリアのユダヤ人社会は、その権利を行使することに決めたのである。ユダヤ人も、二十三年間も変りがなかったティベリウスの対ユダヤ政策に慣れていたのであろう。自分は神だ、などと言ってはいても、カリグラも、帝国統治の最高責任者である。会って話せば、調停者としての役割を思い出してくれると期待したのであった。

ローマに出向く使節団の首席は、ユダヤのプラトンと言われたくらいに学識豊かな人物で、ユダヤ人社会でも人望の高かったフィロンと決まった。もはや七十歳に手のとどく年齢だったが、この人物が最適任者とされたのは、真摯なユダヤ教徒でありながらギリシア・ローマ文明の優れた要素を認めるにやぶさかでなく、ローマ帝政下でのユダヤ民族の存続の可能性を信じているという、穏健派の都市型ユダヤ人であったからである。また、個人的にも裕福であったので、使節団全員の派遣費用を負担できるという利点ももっていた。

だが、フィロンがもち合わせていたのは、これらの利点だけではなかった。彼の家族環境が、ローマ側の好感を得るには好適と思われたからである。実弟であるガイウス・ユリウス・アレクサンドロスは裕福な金融業者だったが、名が示すようにローマ市民権を取得した人であり、カリグラの祖母にあたるアントニアの資産の運用をまかされた人でもあった。祖母の遺産のほとんどはカリグラが相続したので、今ではオリエントにおける皇帝の私有財産の運用人でもある。一族の一人もローマ市民になってマルクス・ユリウス・アレクサンドロスと名乗り、経済界の重鎮でもあったが、ユダヤの王の一人であるアグリッパ一世の娘ベレニスと結婚している。この結婚で、カリグラの親友のユダヤ王子ヘロデ・アグリッパとは、縁つづきの関係にあった。

また、フィロン自身の息子の一人も、ローマ市民になる道を選んでいる。このティベリウス・ユリウス・アレクサンドロスは軍務を選び、父の使節行の年には、ローマ軍団の大隊長の地位にあった。この元ユダヤ人のその後の出世はめざましく、クラウディウス帝の時代にはユダヤの長官を務め、ヴェスパシアヌス帝の時代には近衛軍団の長官にまで昇進することになる。ネロ帝の時代にはエジプト担当の長官になり、ヴェスパシアヌス帝の時代には近衛軍団の長官にまで昇進することになる。

ローマ人に同化したユダヤ人は、少数派ではあっても存在したのであった。

フィロンを首席とするユダヤ使節団がローマに着いたのは、紀元三八年も冬がはじまる時期であったという。ところが、すぐにも会ってくれると思っていたカリグラからは、いっこうに引見の通知が届かない。当時はローマにいたヘロデ・アグリッパを介して頼んでみたが、皇帝から返ってきた答えは、ギリシア側の使節団到着を待って一緒に会う、というものだった。冬季の航海は避けるのが普通であったから、さし迫って皇帝に訴える必要を感じていないギリシア人側の出発が遅れたのである。秋に出港できなければ、春の出港になる。ギリシア使節団のローマ到着は、翌三九年の春の盛りと思うしかなかった。アレクサンドリアのギリシア人社会でも、ローマに派遣する使節団の首席には学者を選んでいた。アピオンという名の有名な哲学者だったが、

辛辣（しんらつ）な人物評でも知られていた皇帝ティベリウスにかかると、「口だけが達者な学者」
となる。フィロンはアピオンの弁舌には怖れはいだかなかったが、長くローマで待た
されている間に、調停者であるべきカリグラに不安をいだくようになっていた。

ようやく、ギリシア側の使節団も到着して、皇帝カリグラに会えることになった。
ユダヤ側もギリシア側もともに招かれた会見の場は、ローマの七つの丘の一つのエス
クィリーノの丘に広がる、通称「マエケナスの庭園」と呼ばれる皇帝の私邸内である。
アウグストゥスの側近だったマエケナスは全資産をアウグストゥスに遺贈したので、
ローマ全市を視界に収めるこの景観の地は皇帝の私有地になっていた。カリグラはそ
こで、ローマの上流市民を招いての演劇の上演を計画していた。その準備の点検で出
向いた「マエケナスの庭園」に、ギリシアとユダヤの両使節団を呼び寄せたのである。
それゆえ会見は、定まった場所で向き合うのではなく、三者ともが立ったままではじ
まった。この日の会見の一部始終は、それを書き遺（のこ）したフィロンの文章の全訳で代え
たい。このときのカリグラは、まもなく二十七歳を迎える年頃にあった。

「皇帝の前に導かれたわれわれは、畏敬（いけい）の念もあらわに頭を深く下げ、両手を前にの

ばしたまま、『畏れ多き皇帝陛下』と呼びかけた。それに彼は、皮肉いっぱいの口調
で答えた。『お前たちか、神を憎んでいるというのは。わたしを神だと他のすべての
民族は認めているのに、お前たちだけが、その名を口にすることさえ禁じられている
誰かを信じているという理由で、わたしを神と認められないというわけだね』こう言
った後でカリグラは、天を見上げて両手をあげ、われわれユダヤ教徒には聴くことさ
え許されない神への暴言を吐いたのだった。

　われわれに対するこの振舞いとは反対に、ギリシア人使節団に対しての皇帝は、ま
るでわれわれへのあてつけでもあるかのように親切だった。ギリシア人たちはこれで
舞いあがってしまい、大げさな身ぶりで吐き気をもよおすほどの馬鹿丁寧な言葉を皇
帝に浴びせた。使節団の一員のイシドロスは、こんなことまで言った。

　『御主人様、もしもあなたがここに来ている連中がアレクサンドリアではどのようで
あったかをお知りになったら、ここにいる連中へのお憎しみがさらに増すことは確言
できます。アレクサンドリアの住民は、あなた様を襲った病が一日も早く治ることを
願って犠牲式をあげたが、この連中だけは、つまりユダヤ系の住民だけは、そういう
ことは神が許していないと言ってやらなかったのです』

　われわれユダヤ側は、いっせいに声高に反論した。

『世にも優れたガイウス（カリグラの本名）、イシドロスの非難は、根拠のまったくない中傷にすぎません。われわれだって、犠牲を捧げるのです。それも奴らのように数頭などではなく、百頭もの家畜を犠牲に捧げて祈ったのです。しかも、犠牲の捧げ方からしても、本式にのっとったものだった。よくやるように、祭壇の前で犠牲の家畜を殺してその血を祭壇の周囲に振りかけ、肉は家にもって帰って料理して食べるなどというやり方ではなく、殺された後でそれが焼きつくされるのを待つという、本式の犠牲式をあげたのです。

しかも、一度ではなかった。あなたが即位されてからの二年間に、三度も犠牲式を捧げています。一度目は、あなたが帝国を譲り受けられたとき、二度目は、あなたが病に倒れられ、帝国中の人々までもがあなたとともに病気になったように打ち沈んでいた時期、そして三度目は、ゲルマニア人相手の戦いでのあなたの勝利を祈願しての犠牲式でした』

このわれわれの熱心な反論に、カリグラは次のように答えた。『犠牲式をあげたというのは、事実だったとしよう。だが、犠牲式は神に捧げるものだ。お前たちの信ずる宗教では、神は一人だという。その唯一神に捧げる犠牲式でお前たちは、もう一人の神に幸あれと祈ったのかね』

こう言いながらもカリグラは、庭園のあちこちにもうけられた仮設のパビリオンを点検する歩みを止めなかった。男用や婦人方のためのパビリオンを一つ一つ点検しながら、また階下も階上ももれなく見てまわり、不充分なところを指摘しては改めるように命じていた。彼が改めるように命じたことは、より費用がかさむことばかりだった。

われわれは、その彼の後に従いて歩きまわり、階上に上がったり階下に降りたりをくり返した。その間ずっと、ギリシアの使節たちは遠慮もなく、われわれに非難と嘲笑を浴びせかけるのをやめなかったのである。それでいて、ときにカリグラが発する質問に、彼らは論理的に答えることができなかったので、皇帝とギリシア人たちとの間にも対話は成立しなかった。

カリグラは突然、われわれのほうに質問の矢を向けてきた。『なぜお前たちは、豚の肉を避けるのか』

この質問はまたも、ギリシア側の爆笑を巻き起こした。だがわれわれは、まじめに答えた。『各民族は、それぞれ異なる法をもっています。異なる法をもつことは、異なる禁止項目をもつということです。ギリシア人も例外ではありません。彼らは彼らで、大量にあって安く手に入れることができるのに、山羊を食しません』

カリグラはこれに、大笑いした後で言った。『それへの答えは簡単だ。美味くない

からだ』

このような調子で進んだ皇帝との会見は、われわれを困惑させ、心を沈ませるだけ

だった。カリグラはそれでも、次のようなことは質問した。

『ユダヤ人社会が持ち、現に行使している政治上の権限は何か』

われわれがそれについて説明しはじめたときの彼は、説明に耳を傾け、われわれの

立場への理解さえも示していたのだが、これも長くはつづかなかった。われわれの説

明が大切なところにさしかかったとき、点検中の彼の足も、庭園の中央に立つ広いパ

ビリオンの中に入っていたのだ。カリグラが命令を出しはじめたので、われわれは黙

るしかなかった。彼はそこで、四辺に並ぶ窓を、ガラスに似た白色の貴石でできた薄

片でおおうよう命じていた。それならば、外光をとり入れながらも風や強すぎる陽光

から観客を守ることができるというのだ。そしてそう命じた後で、われわれを振り返

って言った。『何を話していたのだったかな』

われわれは、中途で切れていた言葉をたぐってもう一度説明を再開したのだが、あ

いかわらず歩みをとめないカリグラは、次のパビリオンに足を踏み入れるや、再び改

装の命令を出しはじめたのである。今度は、パビリオンの壁を飾っている絵画を、別

のものと替えることだった。

それを命じ終わった彼は、はじめてわれわれにも丁重に対するようになったが、言ったのは次のことだった。

『あなた方ユダヤ人は、ギリシア人が言うほどは悪質な民族ではないように思う。だが、不幸で愚かな民族であることは確かだ。なぜならこのわたしが、神の本質を相続したことを信じないというのだから』

この言葉を最後に、彼は去って行った。われわれも、退出するしかなかった」

同時代に生きたこのユダヤ人の筆になるカリグラくらい、ローマ人の史家たちの描くカリグラに比べても、また後世の作家たちの描くカリグラに比べても、実像に迫っている描写はないように思う。二千年も経った後にアルベール・カミュが戯曲『カリギュラ』で描いたような、また一九八〇年代にアメリカとイタリアでつづけて作られた、いずれも『カリグラ』という名の映画で描かれるセックスとヴァイオレンスのモンスター的なカリグラは、百年も後に巷間の噂を集めて書かれた、スヴェトニウスの『皇帝伝』中のカリグラから材をとったにちがいない。頭も悪くなかった。彼にとっての不幸は、いや帝国全

体にとっての不幸は、政治とは何かがまったくわかっていない若者が、政治をせざるをえない立場に就いてしまったことにある。批評眼ならば、彼にもあった。愛馬インチタートゥスを元老院議員に任命しようかと冗談を言うくらい、元老院の統治能力の衰えも見透していた。だがこれが後世に伝わると、馬を元老院議員にした、というように、狂気じみた行為になってしまうのである。

とはいえ、批判と実践はあくまでもちがう。政治の実践とは、ニュースがなければうまくいっている証拠と言われるくらいに地味で、それでいて一貫性を求められる責務なのである。臨機応変はよくても単なる移り気は、政治の実践者にとっては自らの墓穴を掘ることにつながるのであった。

フィロンが首席を務めたユダヤ人使節団の成果ということならば、失敗でもあったが成功でもあったとするしかない。ユダヤ人にとっての不利な環境は改善されなかったという点では失敗だったが、カリグラが新たに任命した新長官は、アレクサンドリアのギリシア人社会のこれ以上の横暴は許さなかったという点では成功であったのだ。

エジプトのアレクサンドリアはシリアのアンティオキアと並んで、ローマ帝国の経済の東方の要である。そのアレクサンドリアが経済の中心地として機能するには、ユダ

ヤ系住人の活躍が不可欠であったのだった。

フィロンがアレクサンドリアに帰り着いてまもなくの頃、カリグラのほうは属州に発っていた。ライン沿岸とドーヴァー海峡に接するガリアで、彼が何をどのようにしたかは前述したとおりである。その後ローマに接り、略式ではあっても凱旋式も挙行した。だがこの間、カリグラの眼を再びユダヤ人に向けさせる事件が、パレスティーナでは起こっていたのである。

力の対決

ライン河の前線での皇帝を迎えての軍事演習は、首都ローマでも凱旋式を挙行したくらいだから、帝国の東方のユダヤでは、カリグラのゲルマニア民族への勝利として伝わったようである。それに喜んだギリシア系住人はカリグラに捧げた祭壇を立て、そこで犠牲式を行おうとした。

これが、ユダヤ人を刺激したのである。怒った彼らは大挙して押し寄せ、大理石造りの祭壇を粉々に壊してしまった。この一事は、ローマにもどっていたカリグラに報告された。

もともとがユダヤ教徒に好意をもっていなかったカリグラは、この報告を受けて激怒する。そして、テレビならばトップ・ニュース、新聞ならば第一面の冒頭の記事になることうけあいの、何ともセンセーショナルな力による対決に訴えたのである。ユダヤを管轄下におくシリア総督のペトロニウスに書簡を送り、カリグラを模した最高神ユピテルの神像を造ってイェルサレムの大神殿の中に立てよ、と命じたのであった。

先帝ティベリウスが登用した行政官の一人であったペトロニウスは、カリグラのこの命令には仰天した。しかも、カリグラはこの命令を、ペトロニウスにあてた書簡の中に記しただけでなく公表さえもしていたから、ユダヤ人も知ってしまったのである。

ユダヤ全土が、ストライキに突入した。男も女も、老いも若きも、子供までが加わった大群衆は、行政官の官邸にまで押しかけ、神を冒瀆するこのような行為が実現しないよう手をつくすべきだと迫った。アレクサンドリアやアンティオキアをはじめとする海外のユダヤ人社会も、この報には動揺を隠さなかった。イェルサレムの大神殿は、彼らにとっても「聖なる地」であったからだ。放置しておいては、ユダヤ民族の総決起につながりかねなかった。

総督ペトロニウスは、サボタージュの道を選んだのである。ティルスの工房での像の製作を、彼は秘かに、ゆっくりと進めるよう命じたのであった。そしてユダヤ人た

ちの要求には、無言で軽くうなずくという、証拠に残らない方法で答えた。これで、デモもストも鎮静化した。

しかし、今度はカリグラのほうが、自分の命令の実現を心待ちにしていた。ところがいっこうに、偶像崇拝を厳禁しているユダヤ教の総本山に像が立てられたという報告もなければ、像が完成したという報告さえも届かない。カリグラは、総督ペトロニウスに再度の書簡を送った。

「どうやらあなたは、わたしからの命令よりも、ユダヤ人たちからの贈物のほうを選んだようである。あなたに課された任務の遂行よりも、彼らの好意を得るほうを選んだというわけだ。これは、皇帝への不服従に該当する。それで、皇帝であるわたしとしては、皇帝の命に服さない場合にはどのような結果が待ち受けているかを、現在にも将来にも明確にする必要からも、あなたがあなた自身でそれに決着をつけるのが最も適切な解決であるという結論に達したのである」

一言で言えば、自殺を命じたのであった。しかしこの時代、ローマからアンティキアまでは一ヵ月かかる。カリグラからの自殺命令がまだ地中海を東に向って航海中というのに、命令を発した当の人はすでにこの世を去っていたのである。

総督ペトロニウスも命拾いしたが、ローマ皇帝とユダヤ教徒の全面対決も、これで立ち消えになった。だが、カリグラによって生じた帝国統治上の "ひび" は、ユダヤ問題だけではなかったのである。

パルティアとの友好関係も、例によってアルメニア王国がローマ側につくかパルティアにつくかをめぐって、またも危うくなりはじめていた。シリア総督ペトロニウスも、パルティアとの境であるユーフラテス河に、二個軍団を張りつけの状態にしておかねばならなかった。

北アフリカの西方に位置し、七十年もの長きにわたってローマの信頼できる同盟国であったマウリタニア王国でも、カリグラの軽率な行いによって問題が生じていた。

現代のモロッコとアルジェリアの西部を合わせた広さをもつマウリタニア王国に対して、アウグストゥスは、王系が絶えたときにも属州化は見合わせ、同盟国として存続させる方法をとっている。カエサルに敗れたヌミディア最後の王のユバの息子と、マルクス・アントニウスとクレオパトラの間に生れた娘を結婚させ、マウリタニア王国をまかせたのである。カリグラの時代にマウリタニアの王であったのは、この二人の間に生れたトロメウスだった。この王の母方の祖父は、マルクス・アントニウスで

ある。カリグラの曾祖父も、同じくアントニウスだ。皇帝になったカリグラには、友好国で同盟国であるとはいえ実際上は属国の王に、自分と同じ血が流れているのが我慢できなかったのである。ローマに招んで、殺してしまった。そして、マウリタニア王国の属州化を宣言した。これに反撥したマウリタニア人が、反ローマで蜂起したのである。常にどこかで問題が生ずる帝国統治だが、ローマ人が心配もしないできたマウリタニアでも問題が起きてしまったのであった。

カリグラの治世は、国家財政の破綻を生んだだけではなかった。外政の面でも、あちこちで、ひび割れがはじまっていたのである。

反カリグラの動き

テロ行為とは、文明が未熟であるから起こるのではない。選挙による落選という手段を奪われているから、やむをえずテロに走るというのでもない。権力が一人に集中しており、その一人を殺せば政治が変わると思えるから起こるのである。

紀元四〇年から四一年にかけて、カリグラを取り巻く環境は、即位当時の熱狂が嘘かと思うほどに冷えていた。熱狂から冷却に変るのに、三年と半ばしか経っていなか

った。そしてカリグラは、ローマでは責任ある公職に就く資格年齢と考えられていた、三十歳にも達していなかった。

社会福祉である「パン」と人気取り政策でもある「サーカス」の双方ともが与えられていながら、外政上の失策などには無関心の一般市民の支持までが低下したのは、燃料に課された税金に原因がある。カリグラにすれば廃税にした売上げ税を復活しない代わりとなるのだろうが、燃料は料理に欠かせない。小麦の無料配給を受けている貧民でも、料理はしなければならない。剣闘士試合や各種の催し物には無料で招待されていながら、燃料への課税には抗議の声があがったのも当然だった。競技場で起こった人々の抗議を、カリグラは、近衛軍団の兵士たちを出動させて押さえこむしかなかったのである。

外政もふくめた帝国全体におよぶカリグラの失政を、情報を知る立場にありそれを理解する能力もあった元老院が気づかなかったわけではない。だが、元老院はまるで、蛇ににらまれたカエルのようであった。動けなくなっていたのには、いくつかの理由がある。

第一は、国家反逆罪法を使ってのカリグラの攻撃はもっぱら元老院階級に的をしぼっていたので、明日は自分かという恐怖が彼らを金縛りにしていたこと。

　第二は、いまだに「ゲルマニクス神話」が生きているライン河防衛担当の軍勢が、ゲルマニクスの息子であるカリグラにもしものことがあれば、黙ってはいないであろうという予想。

　本名はガイウスであるローマ帝国三代目の皇帝は、「小さな軍靴」という意味の「カリグラ」と呼ばれることをひどく嫌っていたという。だが、ローマ軍でも最強最大の軍勢が集中しているライン河沿岸の軍団基地では、幼時を兵士たちのマスコットとして育ったガイウスは、皇帝になっても「小さな軍靴」であり、兵士たちの希望を一身に浴びながらも若くして死んだ、ゲルマニクスの息子なのであった。

　元老院階級からの反カリグラの動きがなかった理由の第三は、彼ら自身にしてからが、カリグラを倒した後の帝国統治をどうするかに明確な考えがもてなかったからである。元老院議員の一部には根強い共和主義者がおり、この人々は共和政の復活を夢見ていた。だが、帝政に変ってから七十年が過ぎているのである。議員のほとんどは、アウグストゥスが築きあげた「パクス・ロマーナ」体制下で生れ育った人々であった。帝政を廃し共和政を復活させるとする考えは、この人たちにとって、現実的とはとても思えなかったのである。だが、カリグラの失政は、もはや放置は許されないところにまでできていた。

第四の理由は、実際上、カリグラを刺すことが実にむずかしい事情があったからだ。

カリグラの周辺の警備は万全だった。カエサル暗殺に学んだアウグストゥスは、カエサルが解散したゲルマン人の兵士たちによる身辺警護システムを復活し、それが彼の長命の因でもあったのだが、カリグラはさらにこれを拡大し、近衛軍団の兵士たちも警護役に加えていた。ローマ軍の華と言われた近衛軍団（プレトリア）には、帝国各地に駐屯する軍団から選り抜きが集められている。カリグラは、身辺を警護する近衛軍団の隊長クラスを、父ゲルマニクスの下にいたゲルマニア軍団から抜擢（ばってき）していた。つまり、「ゲルマニクス神話」の信仰者たちで固めていたということである。これでは、いかに勇気ある元老院議員でも、簡単に手を出すことはできなかった。

だが、カリグラ殺害は、カリグラ自身が他の誰よりも自分への忠誠を信じていたにちがいない、「ゲルマニクス神話」の信仰者たちによって成されたのである。

殺害

紀元四一年の一月二十四日、神君アウグストゥスに捧げるパラティーノ祭が、皇宮もあるパラティーノの丘で催されていた。祝祭の常で、犠牲式の後には演劇や競技会

がつづく。パラティーノ祭も五日目のその日は、演劇の上演の日にあたっていた。先帝ティベリウスの不評の一因が、この種の行事への欠席にあったのを知っているカリグラは、演劇であろうと競技会であろうと律儀に顔を出す。その日も、午前中に行われた催し物を、最後まで熱心に鑑賞した。

午後の一時頃になって、昼食のために席を立った。会場から皇宮までは、短い地下道で結ばれている。それを通り抜けようとしたとき、近衛軍団の大隊長のカシウス・ケレアが、背後からカリグラの首に斬りつけた。ぐらりとゆらいだカリグラを、もう一人の近衛軍団の大隊長のコルネリウス・サビヌスが、正面から胸もと深く突き刺す。ときも置かずにケレアが、倒れたカリグラの頭めがけて剣を降りおろした。

ゲルマン人の警護兵が駆けつけたときには、皇帝の殺害だけでなく、皇帝の四番目の妻であったカエソニアも心臓を一突きされて息がなく、乳母の胸からもぎとられた一歳の娘のドゥルシッラも、地下道の壁にたたきつけられて死んでいた。カリグラと通称されたガイウス・ユリウス・カエサル・ゲルマニクスの統治は、三年と十ヵ月と六日で終った。二十八歳と五ヵ月の死であった。

カリグラ殺害の真因は、当事者の全員が何も言い遺さず書き遺すこともせずに死ん

でいるので、研究者たちとて推測するしかない。彼ら専門家には、カリグラ殺害は皇帝の交代に近衛軍団が介入した最初の例をつくったとし、その理由を、近衛軍団兵が金（かね）につけられたからであるとする人が多い。私も、この意見の前半にならば賛成だ。しかし、金（かね）につけられたからという理由には納得できないのである。

たしかに近衛軍団の兵士たちは、カリグラを殺してクラウディウスを帝位にすえた功労者であるということで、一人につき一万五千セステルティウスの報奨金の給付を受けた。だがそれは、ことが終った後の話である。

また、近衛軍団の九個大隊の九千兵の全員が、皇帝殺害に参加したのではない。参加したのはこのうちの二個大隊だけで、しかも、二個大隊の二千兵も、その全員が参加したのではなかった。実際は、二個大隊を率いる大隊長二人と二十人前後の兵士だけで、絶対の忠誠を誓った皇帝の殺害という大事を決行したのである。

それに、直接に手を下した大隊長二人は、報奨金をもらうどころか、皇帝殺害の罪で言いわたされた死刑に従容（しょうよう）として服している。彼らの部下の兵士たちも、結束が固いことで知られた近衛軍団の他の兵士たちも、この二人の死に何の反撥（はんぱつ）も示していない。これもただ単に、金（かね）につけられての結果であろうか。

カリグラ殺害の首謀者であり、実際に手を下した二人のうちの一人であったカシウス・ケレアが、二十七年昔の紀元一四年当時にライン河を守るゲルマニア軍団で百人隊長を務めていたことは史実にもある。

紀元一四年といえば、アウグストゥスが死去し、ティベリウスが皇位を継いだ年であり、皇帝の交代を自分たちの要求貫徹の好機と思った兵士たちによるストライキで、ライン沿岸の軍団基地が騒然としていた年であった。当時二歳のカリグラが、間接的にしろ、兵士たちの起こした暴動の鎮静化に寄与したことは、ティベリウスの項で述べたとおりである。そして、ゲルマニア軍団の総司令官の地位にあったゲルマニクス一家を守って、暴徒と化した兵士たちの前に抜刀姿でたちふさがったのが、百人隊長時代のケレアであったのだ。

ローマ軍団の背骨といわれる百人隊長は通常は八十人の兵士を配下にもつ、近代軍ならば中隊長である。だが、ローマ軍では下士官であり、士官のキャリアは、八百兵を指揮下におく大隊長からはじまるのが常であった。名門の子弟や有力者の縁故者ならば、入隊後の慣れの期間を経てからとはいえ、いきなり大隊長に任命される。ユダヤ人でもフィロンのような有力者の息子の場合も同様で、百人隊長も経ずに大隊長に就いている。ゆえに、軍団長でも大隊長でも、百人隊長の経験者であるということは、

軍団での〝たたきあげ〟であるということであった。

この種のコネもない身で百人隊長にまで昇進するのは、普通十七歳から志願する兵士でも三十歳前後になってからである。ケレアも、紀元一四年当時に三十前後であったとすれば、紀元四一年には五十代の後半に入っていたことになる。五十代の後半で近衛軍団の大隊長とは、〝たたきあげ〟としては順調な昇進だった。また、近衛軍団兵の退役は十六年間の兵役を務めあげて後だが、これは兵卒にのみ適用されたことであって、大隊長のような将校クラスには適用されない。五十代の後半でも、現役であって不思議ではなかった。ただし、六十歳を越えると、軍団長でもないかぎり、現役からの引退が常であったようである。

紀元一四年から四一年までの間の、カシウス・ケレアの消息は伝わっていない。だが、一四年から一六年までの二年間、再び秩序を回復したゲルマニアの八個軍団の総司令官ゲルマニクスは、ライン河を渡ってのゲルマン民族との戦闘にあけくれていたのである。春から秋にかけては遠征に、冬期はライン河ぞいの基地にもどるという生活だった。騒乱の際に名をあげた百人隊長ケレアが、ゲルマニクスに従って遠征と帰営の二年をともにしたであろうとは、充分に想像可能である。戦闘に不向きな冬を越

す軍団基地では、兵士たちから「小っちゃな軍靴」と呼ばれる総司令官の息子が、兵士たちが作ってくれた幼児用の「軍靴」をはいて育っていたのだった。

紀元一七年の五月に首都ローマで挙行されたゲルマニクスの凱旋式に、ケレアもまた参列したであろう可能性は大きい。凱旋式とは、凱旋将軍の戦功を祝うのみではなく、彼の下で戦功をあげるのに協力した兵士たちの労をねぎらうためでもある。将軍も兵士も、凱旋式をあげることで名誉を分かち合うのだ。ゲルマニクスは、優しい性格の人であった。自分の家族を守るために抜刀姿で立ちふさがったケレアを、忘れることはなかったにちがいない。配下の兵士のうちの誰を凱旋式参列のためにローマに連れていくかは、凱旋将軍が決める人選であった。

その年の秋には出発していたというゲルマニクスの東方行にも、ケレアは加わっていたかもしれない。ティベリウスによって帝国の東方の諸問題解決に派遣されたゲルマニクスの随行団には、軍団長や大隊長をはじめとするゲルマニクスの側近の名が多く見られるからである。ライン河ぞいの総司令部が、そのままでユーフラテス河に移動したという感じだった。

もしもケレアも随行団に加わっていたとすれば、ゲルマニクスと妻のアグリッピーナと息子のカリグラに従って、エジプトへの旅にも同行していたにちがいない。そし

て、エジプトからシリアにもどってきてまもなく起こったゲルマニクスの病と死に立ち会い、夫の遺骨を胸に七歳のカリグラの手を引いて帰国したアグリッピーナに従って、故国の土を踏んだにちがいない。

この後のケレアの消息はまったくわからず、想像を働かせるにしても最小限は必要な史料さえ存在しないのだが、総司令官に死なれた兵士の行き先は軍隊にしかない。ライン河ぞいの軍団基地に、もどったのではなかろうか。ローマ帝国の北の防衛線をライン河とドナウ河に定着させることに、全力を集中したティベリウスである。ケレアのように優秀で忠実な軍事のプロは、防衛線確立という地味だが重要な任務には必要な人材であった。

近衛軍団の大隊長という、軍団兵ならば誰もがうらやむ地位に昇進しての首都勤務は、ケレアにとっての「小っちゃな軍靴（カリグラ）」が皇帝に即位してからではないかと思う。

そして、これ以後のケレアの仕事は、カリグラの身辺の警護になった。リヨンにも、ライン河の前線基地にも、ドーヴァー海峡を眼前にするガリア北部にも、カリグラの行くところ影のごとくに従うのが、ケレアにとっての日常になったのである。そしてこの日常は、四年になろうとしていた。

カリグラは、妻帯もしないで独身をつづけるケレアを、同性愛だと言ったりしては

からかっていたという。これを恨みに思ったのがカリグラ殺害の因だとするのはスヴ
ェトニウスだが、兵士としての絶対の忠誠を誓った皇帝を殺すのに、この程度の怨恨
では根拠が薄すぎる。未熟なままで終ったカリグラの性格を考えれば、馬鹿にしてか
らかうというよりも、甘えの表現の一種ではなかったか。そして、カリグラにとって
は父親の年齢になるケレアも、実の父を早く亡くし母にも縁の薄かったカリグラを、
父親のような眼で見ていたのではないだろうか。

　しかし、皇帝ガイウスの言動には、忠実なケレアの心も痛む一方であった。六十歳
も間近になり、除隊後の淋しい一人暮らしが待っているだけのケレアが、不肖の息子
を殺す父親のような想いで、「小っちゃな軍靴」に剣をふるったのではないだろうか。
まるで、身内の不祥事は身内で始末をつけるとでもいうように。

　カリグラを殺した後のケレアは、　　怖れおののいて隠れていたクラウディウスを、部
下に命じて連れてこさせ、そのクラウディウスを連れて近衛軍団の兵営地にもどり、
兵士たちの「インペラトール」の歓呼を浴びさせている。カリグラはゲルマニクスの
息子だったが、クラウディウスもゲルマニクスの弟である。つまり、あくまでも「身
内」であったのだ。そしてこれを、元老院が行動を起こすのも待たずに既成事実にし

てしまった。　家父長権の強かった、ローマ人の家族意識があってこそやれる早業であった。

既成事実を認めるしかなかった元老院が追認して皇帝になったクラウディウスが、皇帝殺害という大罪ゆえの死を求めたとき、ケレアは、何も言わずに従っている。同志のサビヌスも、ケレアの後を追って自死した。二人とも、大隊長である。指揮下にあった二千人の兵士を、動員しようと思えばできる地位にあった。しかも、暴君カリグラを倒し、クラウディウスを帝位にすえた功労者である。それなのに、何も言わずに従容として死んでいった。はじめから死を覚悟して、大罪を犯したからではないかと思う。そして、近衛軍団の全兵士に与えられた一万五千セステルティウスの賞与は、二人の大隊長の死への、兵士たちの抗議を封ずるためではなかったか。

だがこれは、あくまでも私の想像である。史実として明らかなのは、次の事項でしかない。

紀元四一年一月二十四日、皇帝ガイウスは殺された。　妻も娘もともに殺された。下手人は、近衛軍団の大隊長であったカシウス・ケレアとコルネリウス・サビヌスに、少数の近衛軍団の兵士たち。元老院議員が参画していた事実は、まったくない。

皇帝の殺害直後、皇帝の叔父のクラウディウスが見つけ出されて近衛軍団の兵営地

に連れて行かれ、「皇帝！」の歓呼を浴びる。元老院も、やむなく追認。

ケレアもサビヌスも、抵抗もせずに死に服す。殺害に参加した兵士で罪を問われた者は、他になし。カリグラの死に対する市民の反応は、冷淡そのもの。カリグラをテヴェレ河へ！の声は起きなかったが、涙を流した者もいなかった。

カリグラの遺体は、エスクィリーノの丘の庭園の一隅に、急な火葬のみで葬られた。皇帝一族の墓所であった、「皇帝廟」には葬られなかった。埋葬の場がどこかは、不明である。

カリグラ自身が数多く作らせ、帝国の各地に送って飾らせていた彼の像は、眼につくかぎり破壊された。現代にまで残ったものが驚くほど少ないのも、殺害直後に破壊されたからである。ローマ人は、少しでも早く忘れたい悪夢でもあるかのように、皇帝カリグラの痕跡を消したのである。そして、さしたる期待もなく、五十歳の新皇帝を迎えたのであった。

図版出典一覧

ローマ人の物語 18
悪名高き皇帝たち [二]

新潮文庫　　　　　　　　　　し - 12 - 68

平成十七年九月　一　日発　行
平成二十一年六月二十日　六　刷

著・者　　塩野七生

発行者　　佐藤隆信

発行所　　株式会社　新潮社

　　　　　郵便番号　一六二─八七一一
　　　　　東京都新宿区矢来町七一
　　　　　電話編集部（〇三）三二六六─五四一一
　　　　　　　　読者係（〇三）三二六六─五一一一
　　　　　http://www.shinchosha.co.jp

価格はカバーに表示してあります。

乱丁・落丁本は、ご面倒ですが小社読者係宛ご送付
ください。送料小社負担にてお取替えいたします。

印刷・錦明印刷株式会社　製本・錦明印刷株式会社
© Nanami Shiono　1998　Printed in Japan

ISBN978-4-10-118168-4　C0122